行业会计比较模拟实训

HANGYE KUAIJI BIJIAO MONI SHIXUN

（第二版）

主　编◎杨莉贞

西南财经大学出版社
SWUFEP
中国·成都

图书在版编目(CIP)数据

行业会计比较模拟实训/杨莉贞主编.--2 版.
成都:西南财经大学出版社,2025. 6. --ISBN 978-7-5504-6709-5
Ⅰ. F235-03
中国国家版本馆 CIP 数据核字第 2025UK1387 号

行业会计比较模拟实训(第二版)
主　编　杨莉贞

策划编辑:孙　婧
责任编辑:冯　雪
责任校对:高小田
封面设计:墨创文化
责任印制:朱曼丽

出版发行	西南财经大学出版社(四川省成都市光华村街 55 号)
网　　址	http://cbs. swufe. edu. cn
电子邮件	bookcj@ swufe. edu. cn
邮政编码	610074
电　　话	028-87353785
照　　排	四川胜翔数码印务设计有限公司
印　　刷	郫县犀浦印刷厂
成品尺寸	185 mm×260 mm
印　　张	13. 375
字　　数	307 千字
版　　次	2025 年 6 月第 2 版
印　　次	2025 年 6 月第 1 次印刷
印　　数	1— 2000 册
书　　号	ISBN 978-7-5504-6709-5
定　　价	35. 00 元

行业会计比较模拟实训（第二版）
编委会名单

前言

QIANYAN

当今社会，大学生就业对学校教育的影响日益增加。未来，各行业的会计岗位均要求学生能广泛地汲取各方面知识，将各行业会计的知识融会贯通，不断提升自身的就业核心竞争力和职业岗位胜任能力，以满足社会各行各业对职业技能型会计专门人才的需求。为了培养学生处理不同行业复杂业务和适应环境变化的能力，我们根据近几年国家发布的会计准则，结合最新的税收法律制度编写了这本实训教材。

“行业会计比较实训”是一门将会计实务与会计理论融于一体，以培养学生专业技能为根本目的会计专业实验课程。通过仿真模拟实验，不但可以帮助学生进一步巩固课堂上所学的有关会计的基本原理和方法，还可以补充学习书本上没有但实际工作中必须掌握的业务知识和税法知识，更有助于学生学习其他会计专业课程，缩小从在校生到会计实际工作人员的差距，为培养实践应用型会计人才奠定坚实的基础。本教材资料真实、仿真性强，包含最新的会计准则和税改内容，更贴近各行业的会计核算实际。本教材充分体现了专业应用型和地方性特色，不仅落实教学改革成果、促进高校转型发展，还推动产教融合，进一步深化教育教学改革和全面提高人才培养质量。本教材书主要有以下特色：

1. 精选典型案例，代表性强

本教材按照项目化教学课改思路进行，选取商业零售业、房地产业、酒店业作为不同行业的代表，弥补了此类企业实训案例缺乏的现状，较好地提升了应用型大学的知识迁移能力，满足了企业快速顶岗等实践需求。

2. 行业具有常见性，业务具有特殊性

在编写过程中，笔者结合人们生活需求，选取最常见的企业业务，着力突出各行业企业生产经营特点，充分体现了应用型大学实践教学的特点。本教材是产教融合、校企合作的成果。

3. 具有实用性

本教材既可用于教学，又便于自学，提供了所有模拟企业经济业务所取得的原始凭证，要求学生对每笔业务所取得的原始凭证进行填制审核，从而加强对学生基本技能的训练。

4. 内容新颖、务实

本教材结合国家最新的税制改革要求和现行会计准则、法规，弥补了现有的教材和教学大纲与实际工作的差距，是与新会计准则和新税法配套的会计实验教材。

本教材的编写凝聚着众多老师和朋友的心血。在编写和修订过程中得到广西农业职业技术大学（原广西大学行健文理学院）的大力支持，并得到广西财经学院蒋晓凤教授的指导。本教材在使用过程中得到了广西农业职业技术大学财会系各专业同学们的青睐，编者对使用中发现的错漏进行了多次修改，使教材的内容更加完善。在此，对支持和帮助教材编写和修订的领导、老师和同学们表示衷心的感谢。

由于编者水平有限，本书的内容肯定还存在着不完善之处，希望广大读者提出宝贵意见。

编者

2025 年 1 月 27 日于南宁

目录

MULU

项目一　商品零售企业会计模拟实训 …… 1

一、模拟企业的基本情况 …… 1

二、模拟企业的初始数据 …… 2

三、12 月经济业务 …… 3

四、实训资料 …… 5

项目二　房地产企业会计模拟实训 …… 49

一、模拟企业的基本情况 …… 49

二、模拟企业的初始数据 …… 50

三、12 月经济业务 …… 51

四、实训资料 …… 53

项目三　酒店企业会计模拟实训 …… 123

一、模拟企业的基本情况 …… 123

二、模拟企业的初始数据 …… 124

三、12 月经济业务 …… 125

四、实训资料 …… 127

主要参考文献 …… 193

附录　课时分配及实训材料 …… 194

附录一　课时分配及教学形式 …… 194

附录二　其他实训材料 …… 195

附录三　参考答案 …… 205

项目一

商品零售企业会计模拟实训

一、模拟企业的基本情况

模拟企业的基本情况[①]如表 1-1 所示。

表 1-1　模拟企业的基本情况

项　目	描　述
企业名称	南宁市 XQT 服装专卖店
企业类型	商业企业、一般纳税人
法人代表	李星
企业地址	广西南宁市良庆区××大道
联系电话	0771-281××××
占地面积	500 平方米
税务登记号	45382974246××××
注册资金	200 万元
开户银行	中国工商银行南宁市××支行
银行账号	622201284728124××××
股东成员及持股比例	李星（投资比例 60%） 李华（投资比例 40%）

① 注：本教材所有案例涉及的人名企业名等均为虚构，不指向任何真实个体，仅为案例阐述需要而设。

表1-1(续)

项　目	描　述
主要业务	服装销售
员工人数	14 人

二、模拟企业的初始数据

模拟企业的初始数据如表 1-2 所示。

表 1-2　2025 年 12 月初账户余额　　金额单位：元

总账科目	明细科目	方向	借方余额	贷方余额	数量	单价
库存现金		借	240 000. 00	240 000. 00		
银行存款		借	903 548. 00	903 548. 00		
其他货币资金		借	257 852. 00	257 852. 00		
预付账款		借	150 000. 00			
预付账款	南宁市 MR 服装专卖店	借	150 000. 00			
交易性金融资产		借	975 000. 00			
总账科目	明细科目	方向	借方余额	贷方余额	数量	单价
库存商品		借	562 600. 00			
库存商品	夹克 G2819	借	40 500. 00		60	675
库存商品	夹克 G2820	借	8 835. 00		15	589
库存商品	羽绒服 Y3846	借	95 942. 00		89	1 078
库存商品	羽绒服 Y3847	借	78 880. 00		80	986
库存商品	衬衫 C5785	借	19 800. 00		110	180
库存商品	衬衫 C5786	借	23 100. 00		105	220
库存商品	T 恤 T6682	借	14 700. 00		105	140
库存商品	T 恤 T6683	借	16 160. 00		101	160
库存商品	休闲裤 X7745	借	34 200. 00		150	228
库存商品	休闲裤 X7746	借	43 860. 00		170	258
库存商品	牛仔裤 N8048	借	53 600. 00		200	268
库存商品	牛仔裤 N8049	借	62 580. 00		210	298

表1-2(续)

总账科目	明细科目	方向	借方余额	贷方余额	数量	单价
库存商品	西服 x4623	借	51 750.00		45	1 150
库存商品	西服 x4624	借	18 693.00		100	186.93
商品进销差价		贷		41 000.00		
固定资产		借	48 000.00			
累计折旧		贷		48 000.00		
应交税费		贷		88 000.00		
应交税费	未缴增值税	贷		80 000.00		
应交税费	城市维护建设税	贷		5 600.00		
应交税费	教育费附加	贷		2 400.00		
实收资本		贷		2 000 000.00		
实收资本	李星	贷		1 200 000.00		
实收资本	李华	贷		800 000.00		
盈余公积	法定盈余公积	贷		0.00		
盈余公积	任意盈余公积	贷		0.00		
利润分配	未分配利润	贷		1 049 391.00		

三、12 月经济业务

南宁市 XQT 服装专卖店 2025 年 12 月发生的经济业务如下：

（1）12 月 1 日，上交上月未交的增值税 80 000 元、城市维护建设税 5 600 元、教育费附加 2 400 元。

（2）12 月 1 日，预付款采购的商品到达，验收入库。

（3）12 月 2 日，通过网银支付上述业务余款。

（4）12 月 3 日，支付本月场地租金 54 500 元。

（5）12 月 4 日，销售商品一批。

（6）12 月 6 日，收到信用卡到款 183 625.20 元。

（7）12 月 8 日，采购员张达出差预借差旅费 5 000 元。

（8）12 月 10 日，销售商品一批。

（9）12 月 12 日，收到信用卡到款 185 130 元。

（10）12月14日，业务员李星支付招待费1 060元。
（11）12月14日，业务员李星报销汽油费5 856元。
（12）12月14日，采购员张达出差回来，报销差旅费。
（13）12月16日，向南宁市MR服装专卖店预付货款12万元。
（14）12月18日，上述商品到达并验收入库。
（15）12月19日，向南宁中学销售商品一批。
（16）12月24日，销售商品一批。
（17）12月25日，收到信用卡到款。
（18）12月26日，现金清查发现短款150元。
（19）12月30日，分配工资费用。
（20）12月31日，支付工资，并结转代扣款项。
（21）12月31日，上交社会保险费。
（22）12月31日，处置短期理财产品获得收益173 518.08元，该短期理财产品的账面价值为975 000元。
（23）12月31日，计提折旧。
（24）12月31日，期末财产清查，发现短缺西服两套。
（25）12月31日，查明西服因被盗短缺，经批准计入“营业外支出”。
（26）12月31日，计算本期销项税额。
（27）12月31日，分摊商品进销差价。
（28）12月31日，支付并分配本月水费。
（29）12月31日，支付并分配本月电费。
（30）12月31日，结转本月未交增值税。
（31）12月31日，计提城市维护建设税及教育费附加。
（32）12月31日，收到银行存款利息收入2 100元，冲减财务费用。
（33）结转本期损益类账户，计算本月的利润总额。
（34）计算本月应交企业所得税。
（35）结转所得税费用。
（36）计算并结转全年利润总额。
（37）提取法定盈余公积。
（38）年末结转利润分配明细账。

四、实训资料

（1）12 月 1 日，上交上月未交的增值税 80 000 元、城市维护建设税 5 600 元、教育费附加 2 400 元，见图 1-1。

电子缴税付款凭证

转账日期：2025 年12月01日　　　　凭证字号：123456

纳税人全称及纳税人识别号：南宁市 XQT 服装专卖店 453829742462258

付款人全称：南宁市 XQT 服装专卖店	
付款人账号：453829742462258	征收机关名称：国家税务总局南宁市良庆区税务局
付款人开户银行：中国工商银行南宁市玉洞支行	收款国库（银行）名称：中国银行
小写（合计金额）：¥88000.00	缴款书交易流水号：0145045452545452
大写（合计金额）：捌万捌仟元整	税票号码：122515536685589855

税、费 税号：

税款属期：20251101- 20251130

税（费）种名称	实缴金额
增值税	¥80 000
城市维护建设税	¥5 600
教育费附加	¥2 400

工行南宁玉洞支行　2025.12　转讫

第1　次打印　　　　打印日期：2025.12.01

图 1-1　税费缴纳付款凭证

（2）12 月 1 日，预付款采购的商品到达，验收入库，见图 1-2-1、图 1-2-2。

广西增值税专用发票　NO 2457097090

开票日期：2025年12月01日

购买方	名　称：南宁市XQT服装专卖店 纳税人识别号：453829742462258 地址、电话：广西南宁市良庆区银海大道0771-2811015 开户行及账号：工商银行南宁市玉洞支行6222012847281244589	密码区：67/*+3*0/611*++0/+0*/*+3+2/9 *11*+66666**066611*+66666* 1**+216***6000*261*2*4/*547 203994+-42*64151*6915361/3*

货物或应税劳务、服务名称	规格型号	单位	数量	单价	金额	税率	税额
夹克G2819		件	100	333	33 300.00	13%	4 329
夹克G2820		件	100	342	34 200.00	13%	4 446
羽绒服Y3846		件	100	642	64 200.00	13%	8 346
羽绒服Y3847		件	100	590	59 000.00	13%	7 670
合　计					¥ 190 700		¥ 24 791
价税合计（大写）	贰拾壹万伍仟肆佰玖拾壹元整				（小写）¥ 215 491.00		

销售方	名　称：南宁市MR服装专卖店 纳税人识别号：453829742462578 地址、电话：广西南宁市西乡塘区秀厢大道 0771-2811111 开户行及账号：工商银行南宁市西乡塘支行6222012847281248739	备注：南宁市MR服装专卖店 453829742462578 发票专用章

收款人：　　复核：　　开票人：张敏　　销售方：章

税总函〔2014〕257号浙江印刷厂

第三联：发票联　购买方记账凭证

图 1-2-1　采购商品发票

商品入库单

2025年12月1日　　　　金额单位：元

商品名称	数量	单位	单位进价	进价金额	单位售价	售价金额
夹克G2819	100	件	333	33 300	675	67 500
夹克G2820	100	件	342	34 200	589	58 900
羽绒服Y3846	100	件	642	64 200	1 078	107 800
羽绒服Y3847	100	件	590	59 000	986	98 600
				190 700		332 800

审核：　　　　制表：　张章

图 1-2-2　商品入库单

（3）12 月 2 日，通过网银支付上述业务余款，见图 1-3。

ICBC 中国工商银行

转账凭证（付款凭证）

记账日期：2025年12月02日　　检索号：15827555

付款人户名：南宁市XQT服装专卖店　　付款人账号：6222012847281244569

收款人户名：南宁市MR服装专卖店　　收款人账号：6222012847281248739

金额：人民币（大写）陆万伍仟肆佰玖拾壹元整　　¥ 65 491.00

摘要：支付货款差额

金融自助卡号：458275268541255　　打印时间：2025.12.02

银行验证码：12568625　　打印方式：机打　　已打印次数：1

地区号：013　　网点号：045　　柜员号：001210　　授权柜员号：005

图 1-3　支付货款转账凭证

（4）12 月 3 日，支付本月场地租金 54 500 元，见图 1-4。

广西增值税普通发票 NO24572525

（监制章：全国统一发票监制章 国家税务总局监制）

开票日期：2025年12月03日

购买方	名　　称：南宁市 XQT 服装专卖店 纳税人识别号：453829742462258 地址、电话：广西南宁市良庆区银海大道0771-2811015 开户行及账号：工商银行南宁市玉洞支行6222012847281244569	密码区	67/*+3*0/611*++0/+0*/*+3+2/9 *11*+66666**066611*+66666* 1**+216***6000*261*2*4/*547 203994+-42*64151*6915361/3*

货物或应税劳务、服务名称	规格型号	单位	数量	单价	金额	税率	税额
租金			1	52 912.6214	52 912.62	3%	1 587.38
合　　计					¥ 52 912.62		¥1 587.38
价税合计（大写）	伍万肆仟伍佰元整				（小写）　¥ 54 500.00		

销售方	名　　称：广西南宁市HH大厦 纳税人识别号：45632974784736 地址、电话：广西南宁市青秀区0771-2811118 开户行及账号：工商银行南宁市青秀支行6222012847281243312	备注	（印章：南宁市HH大厦 456329747847838 发票专用章）

收款人：　　复核：　　开票人：李丽虎　　销售方：（章）

国税函（2014）257 号浙江印钞厂

第二联：发票联　购买方记账凭证

图 1-4　租金发票

（5）12 月 4 日，销售商品一批，相关单据见图 1-5-1 至图 1-5-4。

广西增值税专用发票 NO2457085641

（监制章：全国统一发票监制章 国家税务总局监制）

开票日期：2019年12月04日

购买方	名　　称：南宁市MR服装专卖店 纳税人识别号：453829742462578 地址、电话：广西南宁市西乡塘区秀厢大道 0771-2811111 开户行及账号：工商银行南宁市西乡塘支行6222012847281248739	密码区	67/*+3*0/611*++0/+0*/*+3+2/9 *11*+66666**066611*+66666* 1**+216***6000*261*2*4/*547 203994+-42*64151*6915361/3*

货物或应税劳务、服务名称	规格型号	单位	数量	单价	金额	税率	税额
夹克G2819		件	150	597.345	89 601.75	13%	11 648.25
合　　计					¥ 89 601.75		¥ 11 648.25
价税合计（大写）	壹拾万零壹仟贰佰伍拾元整				（小写）　¥ 101 250.00		

销售方	名　　称：南宁市 XQT 服装专卖店 纳税人识别号：453829742462258 地址、电话：广西南宁市良庆区银海大道0771-2811015 开户行及账号：工商银行南宁市玉洞支行6222012847281244569	备注	其余销售发票略 （印章：南宁市XQT服装专卖店 453829742462258 发票专用章）

收款人：　　复核：　　开票人：李响　　销售方：（章）

国税函（2014）257 号浙江印钞厂

第一联：记账联　销售方记账凭证

图 1-5-1　销售夹克发票

		商品出库单				
		2025年12月4日				金额单位：元
商品名称	数量	单位	单位进价	进价金额	单位售价	售价金额
夹克G2819	150	件	333	49 950	675	101 250
夹克G2820	120	件	342	41 040	589	70 680
羽绒服Y3846	85	件	642	54 570	1 078	91 630
羽绒服Y3847	70	件	590	41 300	986	69 020
				186 860		332 580
审核：				制表：	张章	

图 1-5-2　商品出库单

交款单

日期：2025.12.4

收银员：李响　　　　银行存款：¥147 100.00

地点：收银台　　　　信用卡：¥185 480.00

　　　　　　　　　　收入合计：¥332 580.00

备注：销售收入

图 1-5-3　交款单

中国工商银行　（现金存款凭条）

日期：　2025　年12　　月04　　日

存款人	全　称	南宁市XQT服装专卖店		
	账　号	6222012847281244569	款项来源	销售商品收入
	开户行	工商银行南宁市玉洞支行	交款人	南宁市MR服装专卖店

金额（大写）　壹拾肆万柒仟壹佰元整	金额（小写）	亿	千	百	十	万	千	百	十	元	角	分
				¥	1	4	7	1	0	0	0	0

券面	张数	十	万	千	百	十	元	券面	张数	千	百	十	元	角	分	备注
壹佰元								伍角								工行南宁玉洞支行 2025.12 转讫
伍拾元								贰角								
贰拾元								壹角								
拾元								伍分								
伍元								贰分								
贰元								壹分								
壹元								其他								

第二联　客户核对联

图 1-5-4　存款凭条

（6）12 月 6 日，信用卡到款 183 625. 20 元，见图 1-6。

中国工商银行特约单位 POS 清单（往来户）

网点号：00820

特约单位编号：98789652211　　特约单位名称：南宁市 XQT 服装专卖店

特约单位账户：201810078　　2025 年 12 月 06 日　　第 001 页

序号	卡号	交易代码	转账金额	手续费率	手续费	净收金额	交易检索号	POS 终端号
1	62281000273	0988	1 000.00	1%	10.00	990.00	776901	327888
2	略							
3								
4								
略								
笔数合计：120 笔 转账金额合计：185 480.00 手续费金额合计：1 854.80 净收金额合计:183 625.20								

工行南宁五洲支行 2025.12 转讫

图 1-6　货款到账单

（7）12 月 8 日，采购员张达出差预借差旅费 5 000 元，见图 1-7。

借款单

2025 年 12 月 08 日

资金性质：现金

部门:	市场部	借款人:	张达
借款理由:	出差预借差旅费 现金付讫		
金额:	大写：伍仟元整	小写:￥ 5 000.00	
领导批示:	同意 李星	财务主管:	李华
部门主管: 李华	出纳: 王莉	领款人签收:	张达 张达

图 1-7　出差借款单

（8）12 月 10 日，销售商品一批，相关单据见图 1-8-1 至图 1-8-4。

广西增值税专用发票　N0245725278

开票日期：2025年12月10日

购买方		密码区
名　称：	南宁市MR服装专卖店	67/*+3*0/611*++0/+0*/*+3+2/9
纳税人识别号：	453829742462578	*11*+66666**066611*+66666*
地址、电话：	广西南宁市西乡塘区秀厢大道 0771-2811111	1**+216***6000*261*2*4/*547
开户行及账号：	工商银行南宁市西乡塘支行6222012847281248739	203994+-42*64151*6915361/3*

货物或应税劳务、服务名称	规格型号	单位	数量	单价	金额	税率	税额
羽绒服Y3846		件	50	953.983	47 699.15	13%	6 200.85
合　计					¥ 47 699.15		¥ 6 200.85
价税合计（大写）	伍万叁仟玖佰元整				（小写）	¥ 53 900.00	

销售方		备注
名　称：	南宁市 XQT服装专卖店	
纳税人识别号：	453829742462258	其余销售发票略
地址、电话：	广西南宁市良庆区银海大道0771-2811015	
开户行及账号：	工商银行南宁市玉洞支行6222012847281244569	

收款人：　　复核：　　开票人：李响　　销售方：章

国税函（2014）257号浙江印钞厂

第一联：记账联　销售方记账凭证

图 1-8-1　销售羽绒服发票

商品出库单

2025年12月10日　　金额单位：元

商品名称	数量	单位	单位进价	进价金额	单位售价	售价金额
羽绒服Y3846	50	件	642	32 100.00	1 078	53 900.00
羽绒服Y3847	40	件	590	23 600.00	986	39 440.00
休闲裤X7745	130	件	136	17 680.00	228	29 640.00
休闲裤X7746	150	件	154	23 100.00	258	38 700.00
牛仔裤N8048	120	件	160	19 200.00	268	32 160.00
牛仔裤N8049	110	件	178	19 580.00	298	32 780.00
合计				135 260.00		226 620.00

审核：　　制表：　张章

图 1-8-2　商品出库单

交款单

日期：2025.12.10

收银员：李响　　银行存款：￥39 620.00

地点：收银台　　信用卡：￥187 000.00

收入合计：￥226 620.00

备注：销售收入

图 1-8-3　交款单

中国工商银行（现金存款凭条）

日期：2025 年12 月10 日　　浙

存款人	全称	南宁市 XQT 服装专卖店		
	账号	6222012847281244569	款项来源	销售商品收入
	开户行	工商银行南宁市玉洞支行	交款人	南宁市MR服装专卖店

金额（大写）	金额（小写）	亿	千	百	十	万	千	百	十	元	角	分
叁万玖仟陆佰贰拾元整					¥	3	9	6	2	0	0	0

券面	张数	十	万	千	百	十	元	券面	张数	千	百	十	元	角	分	备注
壹佰元								伍角								工行南宁玉洞支行 2025.12 转讫
伍拾元								贰角								
贰拾元								壹角								
拾元								伍分								
伍元								贰分								
贰元								壹分								
壹元								其他								

第二联 客户核对联

图 1-8-4　存款凭条

（9）12 月 12 日，信用卡到款 185 130 元，见图 1-9。

中国工商银行特约单位 POS 清单（往来户）

网点号：00820

特约单位编号：98789652211　　特约单位名称：南宁市 XQT 服装专卖店

特约单位账户：201810078　　2025 年 12 月 12 日　　第 001 页

序号	卡号	交易代码	转账金额	手续费率	手续费	净收金额	交易检索号	POS 终端号
1	62281000890	0984	1 000.00	1%	10.00	990.00	776932	327888
2	略							
3								
4								
略								
笔数合计：150 笔 转账金额合计：187 000.00 手续费金额合计：1 870.00 净收金额合计:185 130.00								

工行南宁玉洞支行 2025.12 转讫

图 1-9　货款到账单

（10）12 月 14 日，业务员李星支付招待费 1 060 元，见图 1-10。

增值税普通发票　N024572527

机器编码：2465779

开票日期：2025年12月14日

购买方	名　称：南宁市XQT服装专卖店 纳税人识别号：453829742462258 地址、电话：广西南宁市良庆区银海大道0771-2811015 开户行及账号：工商银行南宁市玉洞支行6222012847281244569				密码区	67/*+3*0/611*++0/+0*/*+3+2/9 *11*+66666**066611*+66666* 1**+216***6000*261*2*4/*547 203994+-42*64151*6915361/3*		
货物或应税劳务、服务名称	规格型号	单位	数量	单价	金额	税率	税额	
餐费		桌	2	514.563 1	1 029.13	3%	30.87	
合　计					¥ 1 029.13		¥ 30.87	
价税合计（大写）	壹仟零陆拾元整				（小写）¥ 1 060.00			
销售方	名　称：广西南宁市HH酒店 纳税人识别号：45632974784778 地址、电话：广西南宁市青秀区0771-2811178 开户行及账号：工商银行南宁市青秀支行6222012847281243342				备注	（南宁市HH酒店 45632974784778 发票专用章）		

收款人：　　复核：　　开票人：王依依　　销售方：（章）

国税函（2014）257号浙江印刷厂　　第二联：发票联　购买方记账凭证

图 1-10　招待费发票

（11）12 月 14 日，业务员李星报销汽油费 5 856 元，见图 1-11。

广西增值税普通发票　N02457255687

开票日期：2025年12月14日

购买方	名　称：南宁市XQT服装专卖店 纳税人识别号：453829742462258 地址、电话：广西南宁市良庆区银海大厦0771-2811015 开户行及账号：工商银行南宁市玉洞支行6222012847281244569				密码区	67/*+3*0/611*++0/+0*/*+3+2/9 *11*+66666**066611*+66666* 1**+216***6000*261*2*4/*547 203994+-42*64151*6915361/3*		
货物或应税劳务、服务名称	规格型号	单位	数量	单价	金额	税率	税额	
95#汽油		升	800	6.477 9	5 182.30	13%	673.70	
合　计					¥ 5 182.30		¥ 673.70	
价税合计（大写）	伍仟捌佰伍拾陆元整				（小写）¥ 5 856.00			
销售方	名　称： 纳税人识别号： 地址、电话： 开户行及账号：				备注	（发票专用章）		

收款人：　　复核：　　开票人：蒋时　　销售方：（章）

国税函（2014）257号浙江印刷厂　　第三联：发票联　购买方记账凭证

图 1-11　汽油费发票

（12）12 月 14 日，采购员张达出差回来，报销差旅费，相关单据见图 1-12-1 至图 1-12-4。

差旅费报销单

报销日期	2025.12.14		预算科目		专项名称			预算项目				
部门	市场部		出差人	张达				出差事由	采购			
出发		到达		交通费			住宿费			其他费用		
日期	地点	日期	地点	交通工具	单据张数	金额	天数	单据张数	金额	项目	单据	金额
2025.12.8	南宁	2025.12.8	广州	动车	1	172.00	6	1	1 500.00	行李费		
2025.12.24	广州	2025.12.24	南宁	动车	1	172.00				市内车费		
										出租		
										手续费		
										出差补贴		1 400.00
										节约奖励		900.00
合计						344.00			1 500.00			2 300.00
报销总额	人民币（大写）		肆仟壹佰肆拾肆元整							预借款	¥5 000.00	
	人民币（小写）		¥4 144.00				补领不足			归还多余	¥856.00	

主管：李丽　　审核：　　报销人：张达　　部门：市场部

图 1-12-1　差旅费报销单

广西增值税普通发票 NO24572545

机器编码：2465891　　开票日期：2025年12月14日

购买方	名称：南宁市XQT服装专卖店 纳税人识别号：453829742462258 地址、电话：广西南宁市良庆区银海大道0771-2811015 开户行及账号：工商银行南宁市玉洞支行6222012847281244569			密码区	67/*+3*0/611*++0/+0*/*+3+2/9 *11*+66666**066611*+66666* 1**+216***6000*261*2*4/*547 203994+-42*64151*6915361/3*		
货物或应税劳务、服务名称	规格型号	单位	数量	单价	金额	税率	税额
房费			6	242.718 4	1 456.31	3%	43.69
合计					¥ 1 456.31		¥ 43.69
价税合计（大写）	壹仟伍佰元整				（小写） ¥ 1 500.00		
销售方	名称：广州市JDS酒店 纳税人识别号：45632974241138 地址、电话：广州市石洲中路020-23838999 开户行及账号：工商银行长堤支行6222012847281245620			备注			

收款人：　　复核：　　开票人：周钊　　销售方：（章）

图 1-12-2　住宿费发票

24572255112　　售
2025年12月08日09:48开　　07车11F号
二等座
南宁 NanNing　D3781次　广州南 GuangZhouNan
¥172.00元　网
限乘当日当次车
张达
4526241985****2478
和谐号

24574785334　　广州南站售
2025年12月14日11:06开　　03车08A号
二等座
广州南 GuangZhouNan　D3834次　南宁 NanNing
¥172.00元　网
限乘当日当次车
张达
4526241985****2478
和谐号

图 1-12-3　火车报销凭证

收款收据　№32400002

2025 年 12 月 14 日

令收到　市场部张达

现金收讫

系付：　差旅费余额

金额（大写）⊗ 佰 ⊗ 拾 ⊗ 万 ⊗ 仟 捌 佰 伍 拾 陆 元 零 角 零 分

¥：856.00　　（单位盖章）　财务专用章

存根（白）　记账（黄）

核准　　会计 李华　　记账　　出纳 王丽　　经手人

图 1-12-4　收款收据

（13）12 月 16 日，向南宁市 MR 服装专卖店预付货款 12 万元，见图 1-13。

ICBC 中国工商银行

转账凭证（付款凭证）

记账日期：2025.12.16　　检索号：2458555785

付款人户名：南宁市 XQT 服装专卖店　　付款人账号：6222012847281244569

收款人户名：南宁市 MR 服装专卖店　　收款人账号：6222012847281248739

金额：人民币（大写）壹拾贰万元整　　¥ 120 000.00

摘要：预付货款

工行南宁五新支行　2025.12　转讫

金融自助卡号：248546324856256　　打印时间：2025.12.16

银行验证码：245785485655485　　打印方式：机打　　已打印次数：1次

地区号：　　网点号：　　柜员号：　　授权柜员号：

图 1-13　付款凭证

（14）12 月 18 日，上述商品到达并验收入库，相关单据见图 1-14-1 和图 1-14-2。

广西增值税专用发票　NO2450012589

开票日期：2025年12月18日

购买方	名　　称：南宁市 XQT 服装专卖店 纳税人识别号：453829742462258 地址、电话：广西南宁市良庆区银海大道0771-2811015 开户行及账号：工商银行南宁市玉洞支行6222012847281244569	密码区	67/*+3*0/611*++0/+0*/*+3+2/9 *11*+66666**066611*+66666* 1**+216***6000*261*2*4/*547 203994+-42*64151*6915361/3*

货物或应税劳务、服务名称	规格型号	单位	数量	单价	金额	税率	税额
夹克G2819		件	70	333	23 310.00	13%	3 030.3
夹克G2820		件	80	342	27 360.00	13%	3 556.8
羽绒服Y3846		件	70	642	44 940.00	13%	5 842.2
羽绒服Y3847		件	60	590	35 400.00	13%	4 602
合　计					￥ 131 010		￥ 17 031.3
价税合计（大写）	壹拾肆万捌仟零肆拾壹元叁角整				（小写）￥ 148 041.30		

销售方	名　　称：南宁市MR服装专卖店 纳税人识别号：453829742462578 地址、电话：广西南宁市西乡塘区秀厢大道 0771-2811111 开户行及账号：工商银行南宁市西乡塘支行6222012847281248739	备注	南宁市MR服装专卖店 453829742462578 发票专用章

收款人：　　复核：　　开票人：张敏　　销售方：章

国税函（2014）257号浙江印制厂

第三联：发票联　购买方记账凭证

图 1-14-1　采购发票

商品入库单

2025年12月18日　　金额单位：元

商品名称	数量	单位	单位进价	进价金额	单位售价	售价金额
夹克G2819	70	件	333	23 310.00	675	47 250.00
夹克G2820	80	件	342	27 360.00	589	47 120.00
羽绒服Y3846	70	件	642	44 940.00	1 078	75 460.00
羽绒服Y3847	60	件	590	35 400.00	986	59 160.00
				131 010.00		228 990.00

审核：　　制表：　张章

图 1-14-2　入库单

（15）12 月 19 日，向南宁中学销售商品一批，相关单据见图 1-15-1 至图 1-15-3。

广西增值税普通发票 N024572529

机器编码：24655785

开票日期：2025年12月19日

购买方 名称：	南宁市第十八中学
纳税人识别号：	453829742411476
地址、电话：	广西南宁市青秀区园湖路100号 0771-3876890
开户行及账号：	中国工商银行园湖支行 6222012847281987870

货物或应税劳务、服务名称	规格型号	单位	数量	单价	金额	税率	税额
衬衫C5785		件	100	159.292 0	15 929.20	13%	2 070.8
衬衫C5786		件	100	194.690 3	19 469.03	13%	2 530.97
T恤T6682		件	200	123.893 8	24 778.76	13%	3 221.24
T恤T6683		件	150	141.592 9	21 238.94	13%	2 761.06
合 计					￥ 81 415.93		￥ 10 584.07
价税合计（大写）	玖万贰仟元整				（小写） ￥ 92 000.00		

销售方 名称：	南宁市XQT服装专卖店
纳税人识别号：	453829742462258
地址、电话：	广西南宁市良庆区银海大道0771-2811015
开户行及账号：	工商银行南宁市王润支行6222012847281244569

收款人： 复核： 开票人：李响 销售方：章

第二联：发票联 购买方记账凭证

图 1-15-1 销售发票

商品出库单

2025年12月19日 金额单位：元

商品名称	数量	单位	单位进价	进价金额	单位售价	售价金额
衬衫C5785	100	件	154	15 400.00	180	18 000.00
衬衫C5786	100	件	165	16 500.00	220	22 000.00
T恤T6682	200	件	90	18 000.00	140	28 000.00
T恤T6683	150	件	115	17 250.00	160	24 000.00
				67 150.00		92 000.00

审核： 制表： 张章

图 1-15-2 出库单

中国工商银行进账单（收账通知） 3

2025 年12 月19 日

出票人 全称	南宁中学	收款人 全称	南宁市XQT服装专卖店
账号	6222012847282478563	账号	6222012847281244569
开户银行	工商银行南宁市西乡塘支行	开户银行	工商银行南宁市王润支行
金额 人民币（大写）	玖万贰仟元整	千百十万千百十元角分	￥9200000 0
票据种类		票据张数	
票据号码			
复核 记账		收款人开户银行盖章	转讫

此联是收款人开户银行交给收款人的收账通知

图 1-15-3 进账单

（16）12 月 24 日，销售商品一批，相关单据见图 1-16-1 至图 1-16-4。

广西增值税专用发票　NO2457252559

开票日期 2025年12月24日

购买方
名　称：南宁市MR服装专卖店
纳税人识别号：453829742462578
地址、电话：广西南宁市西乡塘区秀厢大道 0771-2811111
开户行及账号：工商银行南宁市西乡塘支行6222012847281248739

密码区
67/*+3*0/611*++0/+0*/*+3+2/9
11+66666**066611*+66666*
1**+216***6000*261*2*4/*547
203994+-42*64151*6915361/3*

货物或应税劳务、服务名称	规格型号	单位	数量	单价	金额	税率	税额
夹克G2819		件	60	597.345 2	35 840.71	13%	4 659.29
合　计					¥ 35 840.71		¥ 4 659.29
价税合计（大写）	肆万零伍佰元整				（小写）　¥ 40 500.00		

销售方
名　称：南宁市 XQT 服装专卖店
纳税人识别号：453829742462258
地址、电话：广西南宁市良庆区银海大道0771-2811015
开户行及账号：工商银行南宁市玉洞支行6222012847281244569

（印章：南宁市XQT服装专卖店 453829742462258 发票专用章）

其余销售发票略

收款人：　　复核：　　开票人：李响　　销售方：章

第一联：记账联　销售方记账凭证

图 1-16-1　夹克销售发票

商品出库单

2025年12月24日　　金额单位：元

商品名称	数量	单位	单位进价	进价金额	单位售价	售价金额
夹克G2819	60	件	333	19 980.00	675	40 500.00
夹克G2820	70	件	342	23 940.00	589	41 230.00
羽绒服Y3846	110	件	642	70 620.00	1 078	118 580.00
羽绒服Y3847	110	件	590	64 900.00	986	108 460.00
牛仔裤N8048	55	件	160	8 800.00	268	14 740.00
牛仔裤N8049	60	件	178	10 680.00	298	17 880.00
				198 920.00		341 390.00

审核：　　制表：张章

图 1-16-2　出库单

交款单

日期：2025.12.24
收银员：李响　　银行存款：¥42 630.00
地点：收银台　　信用卡：¥298 760.00
收入合计：¥341 390.00
备注：销售收入

图 1-16-3　交款单

中国工商银行（现金存款凭条）

日期：2025 年12 月24 日 浙

存款人	全称	南宁市 XQT 服装专卖店			
	账号	6222012847281244569	款项来源	销售商品收入	
	开户行	工商银行南宁市玉洞支行	交款人	南宁市MR服装专卖店	
金额（大写） 肆万贰仟陆佰叁拾元整			金额（小写）		

亿	千	百	十	万	千	百	十	元	角	分
			¥	4	2	6	3	0	0	0

票面	张数	十	万	千	百	十	元	票面	张数	千	百	十	元	角	分	备注
壹佰元								伍角								工行南宁玉洞支行 2025.12 转讫
伍拾元								贰角								
贰拾元								壹角								
拾元								伍分								
伍元								贰分								
贰元								壹分								
壹元								其他								

第二联 客户核对联

图 1-16-4 存款凭条

（17）12 月 25 日，收到信用卡到款通知，见图 1-17。

中国工商银行特约单位 POS 清单（往来户）

网点号：00820

特约单位编号：98789652211 特约单位名称：南宁市 XQT 服装专卖店

特约单位账户：201810078 2025 年 12 月 25 日 第 001 页

序号	卡号	交易代码	转账金额	手续费率	手续费	净收金额	交易检索号	POS 终端号
1	62281001098	0984	1 000.00	1%	10.00	990.00	776932	327888
2	略							
3								
4								
略								
笔数合计：200 笔 转账金额合计：298 760.00 手续费金额合计：2 987.60 净收金额合计 295 772.40								

工行南宁玉洞支行 2025.12 转讫

图 1-17 到账通知

（18）12 月 26 日，现金清查发现短款 150 元，见图 1-18。

现金盘点表

实存金额	账存金额	对比结果		备注
		盘盈	盘亏	
¥9 560.00	¥9 410.00		¥150.00.00	收银员李响过失造成
现金使用情况	（1） 库存现金金额： （2）白条抵库情况： （3）违反规定现金支出情况： （4）其它违规行为：			
处理决定：	由李响赔偿		经理： 李星 李星	

会计机构负责人： 李华　　　盘点人签名：　　　出纳员签名： 王莉 王莉

图 1-18　现金盘点表

（19）12 月 30 日，分配工资费用，见图 1-19。

工资结算汇总表
2025 年12月

部门名称	姓名	标准工资	缺勤工资		应发工资合计	扣除款项						实发工资
			病假扣款	事假扣款		住房公积金	养老保险	医疗保险	失业保险	个税	扣款合计	
总经理室	李星	15 000.00			15 000.00	1 200.00	1,200.00	300.00	75.00	216.75	2 991.75	12 008.26
财务部	李华	7 500.00			7 500.00	600.00	600.00	150.00	37.50	33.38	1 420.88	6 079.13
财务部	王莉	7 000.00			7 000.00	560.00	560.00	140.00	35.00	21.15	1 316.15	5 683.85
市场部	李响	4 000.00			4 000.00	320.00	320.00	80.00	20.00	-	740.00	3 260.00
市场部	刘云	4 000.00			4 000.00	320.00	320.00	80.00	20.00	-	740.00	3 260.00
市场部	张达	4 000.00			4 000.00	320.00	320.00	80.00	20.00	-	740.00	3 260.00
市场部	周正	4 000.00			4 000.00	320.00	320.00	80.00	20.00	-	740.00	3 260.00
市场部	李香香	4 000.00			4 000.00	320.00	320.00	80.00	20.00	-	740.00	3 260.00
市场部	王晓	4 000.00	50.00	150.00	3 800.00	320.00	320.00	80.00	20.00	-	740.00	3 060.00
市场部	赵谱	4 000.00			4 000.00	320.00	320.00	80.00	20.00	-	740.00	3 260.00
市场部	孙翔	4 000.00			4 000.00	320.00	320.00	80.00	20.00	-	740.00	3 260.00
市场部	郭菲	4 000.00			4 000.00	320.00	320.00	80.00	20.00	-	740.00	3 260.00
市场部	雷芬	4 000.00			4 000.00	320.00	320.00	80.00	20.00	-	740.00	3 260.00
仓管部	张童	3 000.00			3 000.00	240.00	240.00	60.00	15.00	-	555.00	2 445.00
合计		72 500.00	50.00	150.00	72 300.00	5 800.00	5 800.00	1 450.00	362.50	271.28	13 683.78	58 616.23

说明：
1.职工个人五险一金放入计提基数为职工月标准工资。
2.职工个人五险一金计提比例如下：住房公积金8%，基本养老保险8%，基本医疗保险2%，失业保险0.5%，个人不需要缴纳工伤和生育保险。
3.个人所得税=（应发工资合计-五险一金-5000）*相应税率-速算扣除数。
审核：　　　　制单：

图 1-19　工资结算汇总表

（20）12 月 31 日，支付工资，并结转代扣款项、上交社会保险费，见图 1-20-1、图 1-20-2。

中国工商银行
现金支票存根
257862466
222582453

附加信息

出票日期：2025 年12月31日

收款人：南宁市 XQT 服装专卖店

金额： ￥58 616.23

用途：支付工资

单位主管 会计 李华

图 1-20-1　现金支票存根

住房公积金及社会保险费计算表

2025年12月

部门名称	姓名	标准工资	企业缴纳部分							个人缴纳部分				
			住房公积金	养老保险	医疗保险	失业保险	工伤保险	生育保险	合计	住房公积金	养老保险	医疗保险	失业保险	合计
总经理室	李星	15 000	1 200	2 850	900	75	60	195	5 280	1 200	1 200	300	75	2 775
财务部	李华	7 500	600	1 425	450	38	30	98	2 640	600	600	150	38	1 388
财务部	王莉	7 000	560	1 330	420	35	28	91	2 464	560	560	140	35	1 295
市场部	李响	4 000	320	760	240	20	16	52	1 408	320	320	80	20	740
市场部	刘云	4 000	320	760	240	20	16	52	1 408	320	320	80	20	740
市场部	张达	4 000	320	760	240	20	16	52	1 408	320	320	80	20	740
市场部	周正	4 000	320	760	240	20	16	52	1 408	320	320	80	20	740
市场部	李香香	4 000	320	760	240	20	16	52	1 408	320	320	80	20	740
市场部	王晓	4 000	320	760	240	20	16	52	1 408	320	320	80	20	740
市场部	赵潜	4 000	320	760	240	20	16	52	1 408	320	320	80	20	740
市场部	孙翔	4 000	320	760	240	20	16	52	1 408	320	320	80	20	740
市场部	郭菲	4 000	320	760	240	20	16	52	1 408	320	320	80	20	740
市场部	雷芬	4 000	320	760	240	20	16	52	1 408	320	320	80	20	740
仓管部	张章	3 000	240	570	180	15	12	39	1 056	240	240	60	15	555
合计		72 500	5 800	13 775	4 350	363	290	943	25 520	5 800	5 800	1 450	363	13 413

说明：
1. 职工个人五险一金放入计提基数为职工月标准工资。
2. 职工个人五险一金计提比例如下：住房公积金8%，基本养老保险8%，基本医疗保险2%，失业保险0.5%，个人不需要缴纳工伤和生育
3. 企业五险一金计提比例如下：住房公积金8%，基本养老保险19%，基本医疗保险6%，失业保险0.5%，工伤保险0.4%，生育保险1.3%。

图 1-20-2　住房公积金及社会保险费计算表

（21）12 月 31 日，处置短期理财产品 975 000 元，获得收益 173 518.08 元，见图 1-21。

中国工商银行进账单（收账通知）　　3

2025 年 12 月 31 日

出票人	全　称	南宁市 XQT 服装专卖店	收款人	全　称	南宁市 XQT 服装专卖店
	账　号	6222012847281248739		账　号	6222012847281244569
	开户银行	工商银行南宁市西乡塘支行		开户银行	工商银行南宁市玉洞支行

金额	人民币（大写）	千	百	十	万	千	百	十	元	角	分
	壹拾柒万叁仟伍佰壹拾捌元零捌分		¥	1	7	3	5	1	8	0	8

票据种类	转账支票	票据张数	壹张
票据号码			

复核　　记账　　收款人开户银行盖章

此联是收款人开户银行交给收款人的收账通知

图 1-21　进账单

（22）12 月 31 日，计提折旧，见图 1-22。

固定资产折旧计算表

2025/12/31　　金额单位：元

资产项目	原值	现值	摊销年限	月摊销额
汽车	96 000		10	800
合计				

审核：　　制表：

图 1-22　计提折旧计算

（23）12 月 31 日，期末财产清查，发现短缺西服两套，见图 1-23。

账存实存对比表

2025年12月31日

清查项目	单位	单价	账存数		实存数		溢余		短缺		原因
			数量	金额	数量	金额	数量	金额	数量	金额	
西服x4623	件	￥900.00	45	￥40 500.00	43	￥38 700.00			2	￥1 800.00	
审批意见											

主管：　　会计：李华　　复核：刘云　　出纳：王莉

图 1-23　账存实存对比

（24）12 月 31 日，查明西服因被盗短缺，经批准计入“营业外支出”，见图 1-24。

账存实存对比表

2025年12月31日

清查项目	单位	单价	账存数		实存数		溢余		短缺		原因
			数量	金额	数量	金额	数量	金额	数量	金额	
西服x4623	件	￥900.00	45	￥40 500.00	43	￥38 700.00			2	￥1 800.00	被盗
审批意见	计入“营业外支出”										

主管：　　会计：李华　　复核：刘云　　出纳：王莉

图 1-24　营业外支出

（25）12 月 31 日，计算本期销项税额，见图 1-25。

含税商品销售收入销项税额分解表

商品名称	本月含税销售收入	增值税率	销项税额	本月不含税销售收入
合计				

制表：李华

图 1-25　本期销项税额分解表

（26）12 月 31 日，分摊商品进销差价，见图 1-26。

商品进销差价计算表

2025 年 12 月 31 日

商品类别 ①	结转前商品进销差价账户余额 ②	库存商品账户余额 ③	主营业务收入账户余额 ④	综合差价率 ⑤=②/（③+）	已销商品进销差价 ⑥=④*⑤	期末商品进销差价 ⑦=②-⑥
合计						

制表：李华

图 1-26　商品进销差价计算表

（27）12 月 31 日，支付并分配本月水费，见图 1-27-1、图 1-27-2。

广西增值税专用发票　N02457255609

全国统一发票监制章　国家税务总局监制

开票日期：2025年12月31日

购买方	
名　　称：	南宁市XQT服装专卖店
纳税人识别号：	453829742462258
地址、电话：	广西南宁市良庆区银海大厦0771-2811015
开户行及账号：	工商银行南宁市玉洞支行6222012847281244569

密码区：
67/*+3*0/611*++0/+0*/*+3+2/9
11+66666**066611*+66666*
1**+216***6000*261*2*4/*547
203994+-42*64151*6915361/3*

货物或应税劳务、服务名称	规格型号	单位	数量	单价	金额	税率	税额
自来水		吨	500	4.1	2 050.00	9%	184.5
合　计					￥ 2 050		￥ 184.5
价税合计（大写）	贰仟贰佰叁拾肆元伍角整				（小写）　￥ 2 234.50		

销售方	
名　　称：	南宁市自来水公司
纳税人识别号：	453829742463399
地址、电话：	广西南宁市西乡塘区秀厢大道0771-3825147
开户行及账号：	工商银行南宁市西乡塘支行 6222012847281243355

备注：南宁市自来水公司　453829742463399　发票专用章

收款人：　　复核：　　开票人：孙丽　　销售方：（章）

国税函（2014）257 号浙江印钞厂

第三联：发票联　购买方记账凭证

图 1-27-1　水费发票

ICBC 中国工商银行　托收凭证（付款通知）　5

委托日期 2025 年 12 月 15 日　　付款期限 2025 年 12 月 31 日

业务类型	委托收款（□ 邮划、☑ 电划）		托收承付（□ 邮划、□ 电划）				
付款人	全称	南宁市 XQT 服装专卖店		收款人	全称	南宁市自来水公司	
	账号	6222012847281244569			账号	6222012847281243355	
	地址	广西 省 南宁 市/县	开户行 工行南宁市玉洞支行		地址	广西 省 南宁 市/县	开户行 工行南宁西乡塘支行
金额	人民币（大写）	贰仟贰佰叁拾肆元伍角整		亿 千 百 十 万 千 百 十 元 角 分	¥ 2 2 3 4 5 0		
款项内容	水费	托收凭据名称		附寄单证张数			
商品发运情况				合同名称号码			

备注：

付款人开户银行收到日期： 年 月 日

复核　　记账

付款人开户银行签章（中国工商银行玉洞支行 结算专用章）2025 年 12 月 31 日

付款人注意：
1. 根据支付结算办法，上列委托收款（托收承付）款项再付款期限内未提出拒付，即视为同意付款，以此代付款通知。
2. 如需提出全部或部分拒付，应在规定期限内，将拒付理由书并附债务证明退交开户银行。

（此联付款人开户银行给付款人的按期付款通知）

（175×100mm 浙工1008 杭州融汇票证印制）

图 1-27-2　水费托收凭证

（28）12 月 31 日，支付并分配本月电费，见图 1-28-1、图 1-28-2。

广西增值税专用发票　N06512440022

开票日期 2025年12月31日

购买方	名称：南宁市 XQT 服装专卖店 纳税人识别号：453829742462258 地址、电话：广西南宁市良庆区银海大道0771-2811015 开户行及账号：工商银行南宁市玉洞支行6222012847281244569			密码区	67/*+3*0/611*++0/+0*/*+3+2/9 *11*+66666**066611*+66666* 1**+216***6000*261*2*4/*547 203994+-42*64151*6915361/3*		
货物或应税劳务、服务名称	规格型号	单位	数量	单价	金额	税率	税额
商业用电		千瓦时	13 500	0.8	10 800.00	13%	1 404
合计					¥ 10 800		¥ 1 404
价税合计（大写）	壹万贰仟贰佰零肆元整				（小写）¥ 12 204.00		
销售方	名称：南宁市电力公司 纳税人识别号：453829742148574 地址、电话：广西南宁市西乡塘区秀厢大道 0771-2811147 开户行及账号：工商银行南宁市西乡塘支行6222012847281249070			备注	（南宁市电力公司 453929742462587 发票专用章）		

收款人：　　复核：　　开票人：张敏　　销售方：（章）

（第三联：发票联　购买方记账凭证）

（国税函（2014）257 号浙江印制厂）

图 1-28-1　电费发票

ICBC 中国工商银行 托收凭证（付款通知）

5

委托日期 2025 年 12 月 15 日　　付款期限 2025 年 12 月 31 日

业务类型	委托收款（□ 邮划、☑ 电划） 托收承付（□ 邮划、□ 电划）		
付款人 全称	南宁市 XQT 服装专卖店	收款人 全称	南宁市电力公司
付款人 账号	6222012847281244569	收款人 账号	62222012847281247895
付款人 地址	广西 省 南宁 市县 开户行 工行南宁市玉洞支行	收款人 地址	广西 省 南宁 市县 开户行 工行南宁西乡塘支行
金额 人民币（大写）	壹万贰仟贰佰零肆元整	亿千百十万千百十元角分	¥ 1 2 2 0 4 0 0
款项内容	电费	托收凭据名称	附寄单证张数
商品发运情况		合同名称号码	

备注：

付款人开户银行收到日期：

年 月 日

复核 记账

付款人开户银行签章 2025 年 12 月 31 日

（印章：中国工商银行玉洞支行 结算专用章）

付款人注意：
1. 根据支付结算办法，上列委托收款（托收承付）款项再付款期限内未提出拒付，即视为同意付款，以此代付款通知。
2. 如需提出全部或部分拒付，赢在规定期限内，将拒付理由书并附债务证明递交开户银行。

此联付款人开户银行给付款人的按期付款通知

175×100mm 浙工1008 杭州新达票证印制

图 1-28-2　电费托收凭证

（29）12 月 31 日，结转本月未交增值税，见图 1-29。

应交增值税计算表

2025 年 12 月 31 日

业务编号	销项税额	进项税额	进项税额转出
合计			
应纳税额			

审核　　　　制表

图 1-29　应交增值税计算表

（30）12 月 31 日，计提城市维护建设税及教育费附加，见图 1-30。

应交城市维护建设税、应交教育费附加计算表

2025 年 12 月 31 日

项目	计税基数	税率	金额
应交城市维护建设税	增值税		
应交教育费附加			
合计			

图 1-30 应交城市维护建设税、应交教育费附加计算表

（31）12 月 31 日，收到银行存款利息收入 2 100 元，见图 1-31。

中国工商银行

存款利息通知单（收账通知）

工行南宁玉洞支行
2025.12
转讫

记账日期：2025.12.31　　检索号：25487536

付款人户名：工商银行南宁市玉洞支行　　付款人账号：6222012847281243645

收款人户名：南宁市 XQT 服装专卖店　　收款人账号：6222012847281244569

金额：人民币（大写）贰仟壹佰元整　　¥ 2 100.00

起息日期：20251001　　止息日期：20251231　　总余积数：¥700 000.00　　利率：0.3%

利息：¥2 100.00　　调整利息：　　冲正利息：　　计息账户账号：

金融自助卡号：245245　　打印时间：2025.12.31

银行验证码：287684245876542　　打印方式：机打　　已打印次数：1次

地区号：452211　　网点号：124242　　柜员号：4325　　授权柜员号：2485

图 1-31 存款利息通知单（收账通知）

（33）结转本期损益类账户，计算本月的利润总额。

（34）计算本月应交企业所得税，见图 1-32。

企业所得税计提表

所属日期：　　年　　月　　日至　　年　　月　　日　　　　单位：　　元

项　　目	金　　额
收入总额	
成本费用总额	
利润总额	
使用税率	
应纳税额	

图 1-32 企业所得税计提表

（35）结转本月所得税费用。

（36）计算并结转全年利润总额。

（37）提取法定盈余公积。

（38）年末结转利润分配明细账。

项目二

房地产企业会计模拟实训

一、模拟企业的基本情况

模拟企业的基本情况如表 2-1 所示。

表 2-1　模拟企业的基本情况

项目	描述
企业名称	广西 ZH 房地产有限公司
企业类型	房地产企业、一般纳税人
法人代表	王正
企业地址	广西南宁市西乡塘区××路
联系电话	0771-381××××
占地面积	8 000 平方米
税务登记号	11538297424622××××
注册资金	600 万元
开户银行	中国工商银行南宁市高新支行
银行账号	622201284728124××××
股东成员及持股比例	王正（投资比例 60%） 王海（投资比例 40%）
主要业务	房地产开发
员工人数	60 人

二、模拟企业的初始数据

模拟企业的初始数据如表 2-2 所示。

表 2-2　2025 年 12 月初账户余额　　金额单位：元

总账科目	明细科目	方向	借方余额	贷方余额
库存现金		借	26 480.00	
银行存款		借	7 300 000.00	
其他货币资金		借	112 200.00	
其他应收款		借	17 000.00	
原材料		借	555 492.82	
开发产品		借	3 930 000.00	
分期收款开发产品		借	2 200 000.00	
开发成本		借	104 010 000.00	
开发成本	商品房开发——GH 大厦——土地征用及拆迁补偿费	借	18 991 304.35	
开发成本	商品房开发——GH 大厦——前期工程费	借	695 652.17	
开发成本	商品房开发——GH 大厦——基础设施引导	借	375 652.17	
开发成本	商品房开发——GH 大厦——建筑安装工程费	借	22 000 000.00	
开发成本	商品房开发——GH 大厦——公共配套设施费	借	643 478.26	
开发成本	商品房开发——GH 大厦——开发间接费用	借	236 521.74	
开发成本	商品房开发——GH 大厦——利息支出	借	2 168 600.01	
开发成本	商品房开发——BH——土地征用及拆迁补偿费	借	17 408 695.65	
开发成本	商品房开发——BH——前期工程费	借	1 304 347.83	
开发成本	商品房开发——BH——基础设施引导	借	704 347.83	
开发成本	商品房开发——BH——建筑安装工程费	借	35 000 000.00	
开发成本	商品房开发——BH——公共配套设施费	借	1 206 521.74	
开发成本	商品房开发——BH——开发间接费用	借	443 478.25	
开发成本	商品房开发——BH——利息支出	借	2 831 400.00	
固定资产		贷	3 685 544.90	
累计折旧		借		1 126 717.72
无形资产		贷		4 060 000.00
短期借款		贷		5 800 000.00
应付账款	南宁 YS 建筑公司	贷		500 000.00

表2-2(续)

总账科目	明细科目	方向	借方余额	贷方余额
长期借款		贷		57 350 000.00
实收资本		贷		50 000 000.00
资本公积		贷		200 000.00
盈余公积		贷		300 000.00
利润分配		贷		2 500 000.00

三、12 月经济业务

2025 年 12 月发生的经济业务如下：

（1）12 月 1 日，总经理报销业务招待等费用。

（2）12 月 1 日，通过出让方式取得土地出让权，用于房地产开发。

（3）12 月 2 日，采用平均年限法摊销土地使用权（分 70 年）。

（4）12 月 3 日，向工商银行申请贷款，支付贷款评估费。

（5）12 月 4 日，租用一层写字楼，支付半年租金。

（6）12 月 6 日，预付石灰款 1 000 000 元。

（7）12 月 8 日，申请三年长期贷款，利率为 6%，每月末付息，到期还本。

（8）12 月 10 日，通过招投标方式取得 30 亩（1 亩≈667 平方米）土地使用权，用于商品房开发，总价款为 1 500 万元，单价每亩 50 万元，契税率为 4%。当地政府规定的耕地占用税税额每平方米 22.2 元，通过银行转账支付。

（9）12 月 14 日，开发的两处住宅及写字楼占地面积 11 500 平方米，建筑面积 23 000平方米，现已全部完工并验收。其中，GH 大厦 8 000 平方米，BH 世纪花园 15 000平方米。根据开发产品结转明细表结转 GH 大厦及 BH 世纪花园开发产品成本。

（10）12 月 14 日，销售住宅 185 平方米，收到 1 496 000 元转账支票，成本为 672 512元。

（11）12 月 16 日，收到客户维修基金 8 400 元，办证费为 1 100 元，已收现。

（12）12 月 18 日，支付南宁 YS 建筑公司工程进度款 50 万元。

（13）12 月 19 日，将当月取得的土地用于开发以下产品：开发一栋商贸大厦出租给商业部门，占地面积 850 平方米，建筑面积 5 000 平方米；开发一栋自用五层写字楼作为办公用地，占地面积 1 000 平方米，建筑面积 2 500 平方米；开发一个住宅小区，占地面积 18 150.1 平方米。将开发 10 栋 30 层的大楼，共 600 套房用于销售，占地面积 15 504.10 平方米；将开发一个幼儿园、一个游泳池、一个公园、一个锅炉房、一个水塔、一个观赏鱼池作为小区配套设施，建筑面积 26 000 平方米。幼儿园和游泳池产权属于公司，建成后将有偿转让给商业部门。各配套设施按占地面积分摊土地出让金、契税、耕地占用税。

（14）12 月 20 日，从市规划局取得建设工程规划许可证等证书，支付报批报建登记费 4 800 元，从银行账户直接扣除。

（15）12 月 21 日，将写字楼建筑施工承包给南宁市 YF 建筑公司，合同价款为 328 万元，应付进度款 128 万元，款未付。

（16）12 月 22 日，委托规划局设计院出具花园项目设计方案，支付规划设计费 25 800元，开具转账支票。

（17）12 月 24 日，预收陈海明购房定金 50 000 元，已收现。

（18）12 月 25 日，分期收款销售 GH 大厦写字楼一层，已交付。售价 2 180 万元，分四期收回，每期收回 25%，总成本 1 620 万元。第一期房款已收 545 万元。

（19）12 月 26 日，向柳州市 HB 集团销售 GH 大厦办公楼一层，售价 654 万元，成本 544 万元，购房者开出承兑汇票（6 个月）654 万元。

（20）12 月 27 日，向五金商贸店购入勘察测量工具一批，冰服 60 套，已付现。

（21）12 月 28 日，支付市环保局开发项目环境影响评估报告费 8 000 元，支付公安局消防评估费 6 500 元。

（22）12 月 29 日，一次性领用摊销勘察工具及工作服。

（23）12 月 29 日，受市政工程委托，代为扩建小区道路。扩建过程中，支付拆迁补偿费 320 000 元，前期工程费 150 000 元，应付杭州 TA 建筑公司代建基础设施工程款 540 000，代建工人工资 85 000 元。

（24）12 月 30 日，通过银行转账偿还工程进度款。

（25）12 月 30 日，收到建材公司石灰，材料入库、补付余款。

（26）12 月 30 日，业务部门领用石灰 14 吨，价值 64 680 元，对已办理竣工结算但未售出的商品房进行维修。

（27）12 月 31 日，计提长期借款、短期借款利息费用。

（28）12 月 31 日，支付当月水电费。

（29）12 月 31 日，计算分配本月工资费用。

（30）12 月 31 日，计提本月应承担的社会保险费、住房公积金等。

（31）12 月 31 日，计提折旧。

（32）12 月 31 日，按直接成本法分摊本月开发间接费用。

（33）12 月 31 日，计提本月各项税金及附加税费。

（34）结转本期损益类账户，计算本月的利润总额。

（35）计算本月应交企业所得税。

（36）结转所得税费用。

（37）提取法定盈余公积。

（38）年末结转利润分配账户。

四、实训资料

（1）12 月 1 日，总经理报销业务招待等费用，相关单据见图 2-1-1、图 2-1-2。

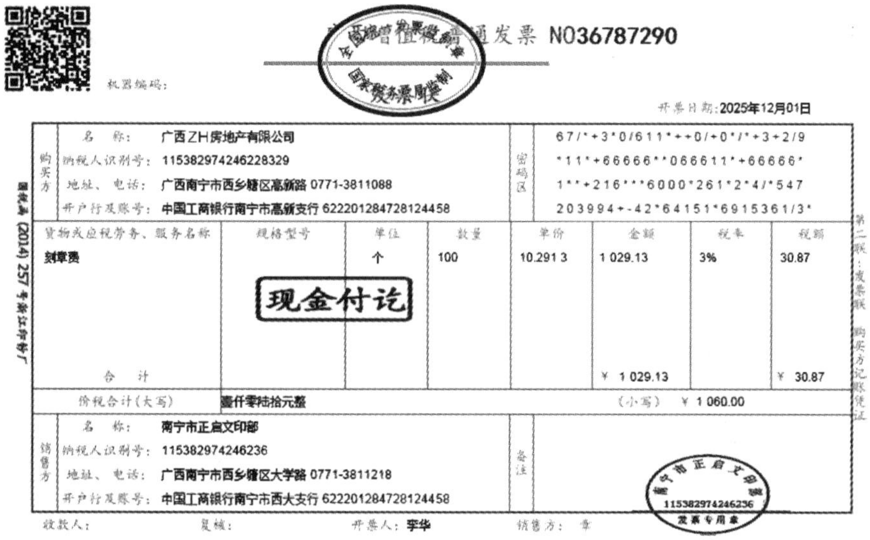

□□增值税普通发票 N036787290

机器编码：

开票日期：2025年12月01日

购买方	名称：广西ZH房地产有限公司 纳税人识别号：115382974246228329 地址、电话：广西南宁市西乡塘区高新路 0771-3811088 开户行及账号：中国工商银行南宁市高新支行 622201284728124458			密码区	67/*+3*0/611*++0/+0*/*+3+2/9 *11*+66666**066611*+66666* 1**+216***6000*261*2*4/*547 203994+-42*64151*6915361/3*		
货物或应税劳务、服务名称	规格型号	单位	数量	单价	金额	税率	税额
刻章费		个	100	10.291 3	1 029.13	3%	30.87
合计					¥ 1 029.13		¥ 30.87
价税合计（大写）	壹仟零陆拾元整				（小写） ¥ 1 060.00		
销售方	名称：南宁市正启文印部 纳税人识别号：115382974246236 地址、电话：广西南宁市西乡塘区大学路 0771-3811218 开户行及账号：中国工商银行南宁市西大支行 622201284728124458			备注			

收款人：　　复核：　　开票人：李华　　销售方：章

现金付讫

图 2-1-1　刻章费发票

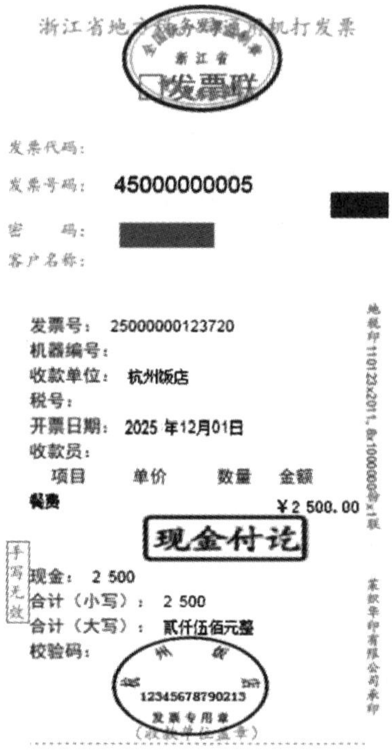

浙江省地方税务局通用机打发票

发票联

发票代码：

发票号码：　4500000005

[redacted]

密　　码：[redacted]

客户名称：

发票号：　25000000123720

机器编号：

收款单位：　杭州饭店

税号：

开票日期：　2025 年12月01日

收款员：

项目	单价	数量	金额
餐费			¥2 500.00

现金付讫

手写无效

现金：　2 500

合计（小写）：　2 500

合计（大写）：　贰仟伍佰元整

校验码：

（收款单位盖章）

图 2-1-2　业务招待发票

（2）12 月 1 日，通过出让方式取得土地出让权用于房地产开发。见图 2-2-1 至图 2-2-4。

非税收入一般缴款书(收据) 4

No123454678

填制日期：2025 年 12 月 01 日　　执收单位名称：广西财政局　　执收单位编码：
组织机构代码：

付款人	全称	广西 ZH 房地产有限公司	收款人	全称	广西财政局
	账号	6222012847281244580		账号	899030848993
	开户行	中国工商银行南宁市高新支行		开户行	中国工商银行南宁市青秀支行
币种：	金额（大写）		（小写）：		

项目编码	收入项目名称	单位	数量	收缴标准	金额
BH39********	土地出让金	平方米	33 333.5		¥ 5 000 000.00

执收单位（盖章）	经办人（签章）	备注：
广西财政局		

校验码：

第四联　执收单位给缴款人的收据

图 2-2-1　土地出让金收据

电子缴税付款凭证

转账日期：2025 年12月01日　　凭证字号：78389992001

纳税人全称及纳税人识别号：115382974246228329

付款人全称：广西 ZH 房地产有限公司

付款人账号：6222012847281244580　　征收机关名称：广西南宁市国家税务局

付款人开户银行：中国工商银行南宁市高新支行　　收款国库（银行）名称：4028992900302

小写（合计金额）：200 000.00　　缴款书交易流水号：01569950

大写（合计金额）：贰拾万元整　　税票号码：45000000234

税、费 税号：

税款属期：2025 年12月

税（费）种名称	实缴金额
土地契税	¥200 000.00

工行南宁高新支行 2025.12 转讫

第　　次打印　　打印日期：2025 年12月01日

图 2-2-2　土地契税付款凭证

电子缴税付款凭证

转账日期：2025年12月01日　　　　凭证字号：78389992002

纳税人全称及纳税人识别号：115382974246228329

付款人全称：广西ZH房地产有限公司

付款人账号：6222012847281244580　　　　征收机关名称：广西南宁市国家税务局

付款人开户银行：中国工商银行南宁市高新支行　　　　收款国库（银行）名称：4028992900302

小写（合计金额）：2 500.00　　　　缴款书交易流水号：01569951

大写（合计金额）：贰仟伍佰元整　　　　税票号码：45000000235

税、费 税号：

税款属期：2025年12月

税（费）种名称	实缴金额
印花税	¥2 500.00

工行南宁高新支行 2025.12 转讫

第　　次打印　　　　打印日期：2025年12月01日

第二联作付款回单（无银行收讫章无效）　　复核　　记账

图 2-2-3　印花税付款凭证

电子缴税付款凭证

转账日期：2025年12月01日　　　　凭证字号：78389992003

纳税人全称及纳税人识别号：115382974246228329

付款人全称：广西ZH房地产有限公司

付款人账号：6222012847281244580　　　　征收机关名称：广西财政局

付款人开户银行：中国工商银行南宁市高新支行　　　　收款国库（银行）名称：899030848993

小写（合计金额）：5 000 000.00　　　　缴款书交易流水号：04569931

大写（合计金额）：伍佰万元整　　　　税票号码：

税、费 税号：

税款属期：2025年12月

税（费）种名称	实缴金额
土地出让金	¥5 000 000.00

工行南宁高新支行 2025.12 转讫

第　　次打印　　　　打印日期：2025年12月01日

第二联作付款回单（无银行收讫章无效）　　复核　　记账

图 2-2-4　土地出让金付款凭证

（3）12 月 2 日，采用平均年限法摊销土地使用权（分 70 年），相关摊销表见图 2-3。

广西 ZH 房地产有限公司土地使用权摊销表

项目	占地面积/平方米	使用年限/年	摊销总额/元	分摊金额/元	备注
土地使用权	33 333.50	70	5 200 000.00	74 285.71	用于商品房开发
合计	33 333.50	70	5 200 000.00	74 285.71	

图 2-3　土地使用权摊销

（4）12 月 3 日，向工商银行申请贷款，支付贷款评估费，相关单据见图 2-4-1、图 2-4-2。

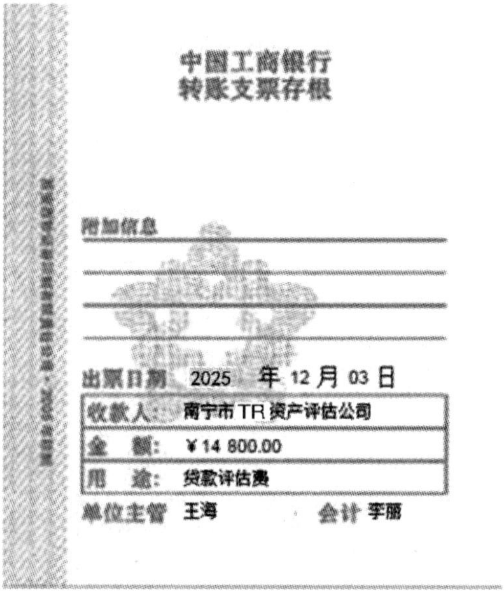
中国工商银行
转账支票存根

附加信息

出票日期　2025　年 12 月 03 日

收款人：	南宁市 TR 资产评估公司
金　额：	￥14 800.00
用　途：	贷款评估费

单位主管　王海　　会计　李丽

图 2-4-1　贷款评估费转账支票存根

……通发票 NO34256784

开票日期：2025年12月03日

购买方	名　称：广西ZH房地产有限公司 纳税人识别号：115382974246228329 地址、电话：广西南宁市西乡塘区高新路 0771-3811088 开户行及账号：中国工商银行南宁市高新支行 622201284728124458	密码区	67/*+3*0/611*++0/+0*/*+3+2/9 *11*+66666**066611*+66666* 1**+216***6000*261*2*4/*547 203994+-42*64151*6915361/3*

货物或应税劳务、服务名称	规格型号	单位	数量	单价	金额	税率	税额
评估费		次	1	14 368.932	14 368.93	3%	431.07
合　计					¥ 14 368.93		¥ 431.07
价税合计（大写）	壹万肆仟捌佰元整				（小写）¥ 14 800.00		

销售方	名　称：南宁市瑞华资产评估公司 纳税人识别号：123456789012 地址、电话：广西南宁市西乡塘区大学路 0771-3811290 开户行及账号：中国工商银行南宁市西大支行 622201284728124487	备注	南宁市瑞华资产评估公司 123456789012 发票专用章

收款人：　　复核：　　开票人：刘山　　销售方：章

税总函（2014）257 号浙江印钞厂

第二联：发票联　购买方记账凭证

图 2-4-2　贷款评估表发票

（5）12 月 4 日，租用一层写字楼，支付半年租金，相关单据见图 2-5-1、图 2-5-2。

中国工商银行
转账支票存根

附加信息

出票日期　2025　年 12　月 04　日

收款人：	DH物业有限公司
金　额：	¥30 000.00
用　途：	写字楼租金

单位主管　王海　　会计　李丽

图 2-5-1　写字楼租金转账支票存根

通发票 NO34256276

开票日期：2025年12月04日

购买方	名　　称：广西 ZH 房地产有限公司 纳税人识别号：115382974246228329 地址、电话：广西南宁市西乡塘区高新路 0771-3811088 开户行及账号：中国工商银行南宁市高新支行 622201284728124458				密码区	67/*+3*0/611*++0/+0*/*+3+2/9 *11*+66666**066611*+66666* 1**+216***6000*261*2*4/*547 203994+-42*64151*6915361/3*	
货物或应税劳务、服务名称	规格型号	单位	数量	单价	金额	税率	税额
租赁费		月	6	4 716.981	28 301.89	6%	1 698.11
合　计					¥ 28 301.89		¥ 1 698.11
价税合计（大写）	叁万元整				（小写）　¥ 30 000.00		
销售方	名　　称：南宁 DH 物业有限公司 纳税人识别号：115382974246236 地址、电话：广西南宁市西乡塘区大学路 0771-3811232 开户行及账号：中国工商银行南宁市西大支行 622201284728124445				备注	南宁 DH 物业有限公司 115382974246236 发票专用章	

收款人：　　复核：　　开票人：刘芳　　销售方：（章）

国税函〔2014〕257号浙江印钞厂

第二联：发票联　购买方记账凭证

图 2-5-2　写字楼租赁费发票

（6）12 月 6 日，预付石灰款 1 000 000 元，单据见图 2-6。

中国工商银行
转账支票存根

附加信息

出票日期　2025　年 12 月 06 日

收款人：	实惠建材有限公司
金　额：	¥1 000 000.00
用　途：	预付石灰款

单位主管　王海　　会计　李丽

图 2-6　预付石灰款转账支票存根

（7）12 月 8 日，申请三年长期贷款，利率 6%，每月末付息，到期还本，借款借据单见图 2-7。

中国工商银行　　　　**借款借据**　　　　（收账通知）

科目		2025 年 12 月 08 日		银行编号：	No0001234 字　　号	
借款人	广西 ZH 房地产有限公司	利率（%）	0.06	放款账号	6222012847281244580	
				结算账号	6222012847281244580	
借款金额(大写)	贰仟万元整				万 千 百 十 万 千 百 十 元 角 分 ¥ 2 0 0 0 0 0 0 0 0 0	
用　　途	建筑资金			约定偿还日期	2028 年 12 月 8 日	
上列借款已核准发放，并已转入帐户。 此致 单位 银行签章 银行业务受理章 工行南宁高新支行 2025.12.08 受理凭证章 2025 年 12 月 08 日						

此联由银行盖章后退回借款单位收执

图 2-7　银行贷款借据

（8）12 月 10 日，通过招投标方式取得 30 亩土地使用权，用于商品房开发，总价款 1 500 万元，单价每亩 50 万元，契税率 4%。当地政府规定的耕地占用税税额每平方米 22.5 元，通过银行转账支付。相关单据见图 2-8-1 至图 2-8-5。

非税收入一般缴款书(收据) 4　No123454676

填制日期：2025 年 12 月 10 日　　执收单位名称：广西财政局　　执收单位编码：　组织机构代码：

付款人	全称	广西 ZH 房地产有限公司	收款人	全称	广西国土资源和房屋管理局
	账号	6222012847281244580		账号	899030848760
	开户行	中国工商银行南宁市高新支行		开户行	中国工商银行南宁市琅东支行
币种：		金额（大写）		（小写）：	

项目编码	收入项目名称	单位	数量	收缴标准	金额
BH40********	土地出让金	平方米	20 000.1		¥15 000 000.00
执收单位（盖章） 广西国土资源和房屋管理局	经办人（签章） 梁芳		备注：		

第四联　执收单位给缴款人的收据

图 2-8-1　土地出让金收据

电子缴税付款凭证

转账日期：2025年12月10日　　　　凭证字号：78389992010

纳税人全称及纳税人识别号：11538297424622××××

付款人全称：广西ZH房地产有限公司

付款人账号：622201284728124××××　　　　征收机关名称：广西财政局

付款人开户银行：中国工商银行南宁市高新支行　　　　收款国库（银行）名称：899030848993

小写（合计金额）：￥15 000 000.00　　　　缴款书交易流水号：04569933

大写（合计金额）：壹仟伍佰万元整　　　　税票号码：

税、费 税号：

税款属期：2025年12月

税（费）种名称	实缴金额
土地出让金	￥15 000 000.00

工行南宁高新支行 2025.12 转讫

第　　次打印　　　　打印日期：2025年12月10日

第二联作付款回单（无银行收讫章无效）　　复核　　记账

图 2-8-2　土地出让金付款凭证

电子缴税付款凭证

转账日期：2025 年12月10日　　　　凭证字号：78389992012

纳税人全称及纳税人识别号：11538297424622××××

付款人全称：广西ZH房地产有限公司

付款人账号：622201284728124××××　　　　征收机关名称：广西南宁市国家税务局

付款人开户银行：中国工商银行南宁市高新支行　　　　收款国库（银行）名称：4028992900302

小写（合计金额）：600 000.00　　　　缴款书交易流水号：01569952

大写（合计金额）：陆拾万元整　　　　税票号码：45000000239

税、费 税号：2025 年12月

税款属期：

税（费）种名称	实缴金额
土地契税	￥600 000.00

工行南宁高新支行 2025.12 转讫

第　　次打印　　　　打印日期：2025 年12月10日

第二联作付款回单（无银行收讫章无效）　　复核　　记账

图 2-8-3　土地契税付款凭证

电子缴税付款凭证

转账日期：2025 年12月10日　　　　凭证字号：78389992011

纳税人全称及纳税人识别号：11538297424622××××

付款人全称：广西ZH房地产有限公司

付款人账号：622201284728124××××　　　　征收机关名称：广西南宁市国家税务局

付款人开户银行：中国工商银行南宁市高新支行　　　　收款国库(银行)名称：4028992900302

小写(合计金额)：7 500.00　　　　缴款书交易流水号：01569956

大写(合计金额)：柒仟伍佰元整　　　　税票号码：45000000239

税、费 税号：

税款属期：2025 年12月

税(费)种名称	实缴金额
印花税	¥7 500.00

工行南宁高新支行
2025.12
转讫

第　　次打印　　　　打印日期：2025 年12月10日

第二联作付款回单(无银行收讫章无效)　　复核　　记账

图 2-8-4　印花税付款凭证

电子缴税付款凭证

转账日期：2025 年12月10日　　　　凭证字号：78389992013

纳税人全称及纳税人识别号：11538297424622××××

付款人全称：广西正海房地产有限公司

付款人账号：622201284728124××××　　　　征收机关名称：广西国土资源和房屋管理局

付款人开户银行：中国工商银行南宁市高新支行　　　　收款国库(银行)名称：4028992900302

小写(合计金额)：450 002.25　　　　缴款书交易流水号：01569956

大写(合计金额)：肆拾伍万零贰元贰角伍分　　　　税票号码：45000000240

税、费 税号：

税款属期：2025 年12月

税(费)种名称	实缴金额
耕地占用税	¥450 002.25

工行南宁高新支行
2025.12
转讫

第　　次打印　　　　打印日期：2025 年12月10日

第二联作付款回单(无银行收讫章无效)　　复核　　记账

图 2-8-5　耕地占用税付款凭证

（9）12 月 14 日，开发的两处住宅及写字楼占地面积 11 500 平方米，建筑面积 23 000平方米，现已全部完工并验收。其中，GH 大厦 8 000 平方米，BH 世纪花园 15 000平方米。根据开发产品结转明细表结转 GH 大厦及 BH 世纪花园开发产品成本。分配明细表见表 2-1-1、表 2-1-2。

表 2-1-1　GH 大厦完工分配明细

结转项目	金额/元	面积/平方米	分配依据	总面积/平方米	总成本/元
土地征用及拆迁补偿费	36 400 000.00	6 000.00	占地面积	11 500.00	18 991 304.35
前期工程费	2 000 000.00	8 000.00	建筑面积	23 000.00	695 652.17
基础设施费	1 080 000.00	8 000.00	建筑面积	23 000.00	375 652.17
建筑安装工程费			工程决算		22 000 000.00
公共配套设施费	1 850 000.00	8 000.00	建筑面积	23 000.00	643 478.26
开发间接费	680 000.00	8 000.00	建筑面积	23 000.00	236 521.74
利息支出	5 000 000.00	42 942 608.69	GH 大厦总造价	99 010 000.00	2 168 600.00
总合计					45 111 208.70

表 2-1-2　BH 世纪花园完工分配明细

结转项目	金额/元	面积/平方米	分配依据	总面积/平方米	总成本/元
土地征用及拆迁补偿费	36 400 000.00	5 500.00	占地面积	11 500.00	17 408 695.65
前期工程费	2 000 000.00	15 000.00	建筑面积	23 000.00	1 304 347.83
基础设施费	1 080 000.00	15 000.00	建筑面积	23 000.00	704 347.83
建筑安装工程费			工程决算		35 000 000.00
公共配套设施费	1 850 000.00	15 000.00	建筑面积	23 000.00	1 206 521.74
开发间接费	680 000.00	15 000.00	建筑面积	23 000.00	443 478.26
利息支出	5 000 000.00	56 067 391.31	BH 大厦总造价	99 010 000.00	2 831 400.00
总合计					58 898 791.30

（10）12 月 14 日，销售住宅 185 平方米，收到 1 496 000 元转账支票，成本为 672 512元。相关单据见图 2-9-1 至图 2-9-3。

广西增值税普通发票 NO 34256341

开票日期：2025年12月14日

国税函（2014）257号浙江印钞厂

购买方	名　称：徐丽 纳税人识别号： 地址、电话： 开户行及账号：				密码区	67/*+3*0/611*++0/+0*/*+3+2/9 *11*+66666**066611*+66666* 1**+216***6000*261*2*4/*547 203994+-42*64151*6915361/3*	
货物或应税劳务、服务名称	规格型号	单位	数量	单价	金额	税率	税额
滨湖世纪小区	3栋1402号	平方米	185	7 418.794 9	1 372 477.06	9%	123 522.94
合　计					￥1 372 477.06		￥123 522.94
价税合计（大写）	壹佰肆拾玖万陆仟元整				（小写）　￥ 1 496 000.00		
销售方	名　称：广西ZH房地产有限公司 纳税人识别号：115382974246228329 地址、电话：广西南宁市西乡塘区高新路 0771-3811088 开户行及账号：中国工商银行南宁市高新支行 622201284728124458				备注		

收款人：　　复核：　　开票人：刘丽　　销售方：章

第一联：记账联　销售方记账凭证

图 2-9-1　住宅销售发票

中国工商银行进账单（收账通知）　　3

2025 年 年12　月14　日

出票人	全　称	徐丽	收款人	全　称	广西ZH房地产有限公司
	账　号	6222294903003034		账　号	6222012847281244580
	开户银行	工行南宁市西大支行		开户银行	中国工商银行南宁市高新支行
金额	人民币（大写）	壹佰肆拾玖万陆仟元整		千百十万千百十元角分	￥1 4 9 6 0 0 0 0 0
票据种类	转账支票	票据张数	1张		工行南宁高新支行 2025.12 转讫
票据号码	0044301				
	复核　记账				收款人开户银行盖章

此联是收款人开户银行交给收款人的收账通知

图 2-9-2　住宅销售进账单

销售成本结转明细表

2025 年 12 月 14 日

销售项目	销售面积/平方米	销售成本单价/元/平方米	销售成本金额/元
徐丽（BH 世纪花园商品房）	185	3 635.20	672 512.00
总合计	185	3 635.20	672 512.00

图 2-9-3　住宅销售成本结转明细

（11）12 月 16 日，收到客户维修基金 8 400 元，办证费 1 100 元，已收现，收据见图 2-10。

收款收据　　№324567891

2025 年 12 月 16 日

今收到 徐丽

交来维修基金及办证费用等　　现金收讫

系付：BH 世纪花园1402室维修基金办证费用

金额（大写）⊗ 佰 ⊗ 拾 ⊗ 万 玖 仟 伍 佰 零 拾 零 元 零 角 零 分

￥：9 500.00　　（单位盖章）　　广西 ZH 房地产有限公司 财务专用章

核准　　会计 李丽　　记账　　出纳 刘露　　经手人

存根（白）　记账（黄）

图 2-10　客户维修基金及办证费收据

（12）12 月 18 日，支付南宁永尚建筑公司工程进度款 50 万元，单据见图 2-11。

ICBC　中国工商银行　　业务回单（付款）

日期：2025 年 12 月 18 日　回单编号：13264000001

付款人户名：广西 ZH 房地产有限公司　　开户行：中国工商银行南宁市高新支行
付款人账号（卡号）：6222012847281244580
收款人户名：南宁永尚建筑公司
收款人开户行：工商银行南宁江南支行
收款人账号（卡号）：130603045958833296
金额：伍拾万元整　　小写：¥500 000.00

工行南宁高新支行
2025.12
转讫

业务（产品）种类：　凭证种类：
摘要：　用途：　币种：人民币
交易机构：0130600202　记账柜员：00001　交易代码：60012　渠道：其他
产品名称：
费用名称：工程进度款　　应收金额：¥500 000.00
实收金额：　　收费渠道：
业务发生账号：

印章：

本回单为第1次打印，注意重复　打印日期：2025 年12 月18 日　打印柜员：9　验证码：4405111

ZGM-0002201508版杭州融达票证印刷

图 2-11　工程进展款支付业务回单

（13）12 月 19 日，将当月取得的土地用于开发以下产品：开发一栋商贸大厦出租给商业部门，占地面积 850 平方米，建筑面积 5 000 平方米；开发一栋自用五层写字楼作为办公用地，占地面积 1 000 平方米，建筑面积 2 500 平方米；开发一个住宅小区，占地面积 18 150. 1 平方米。将开发 10 栋三十层大楼，共 600 套房用于销售，占地面积 15 504. 10 平方米；将开发一个幼儿园、一个游泳池、一个公园、一个锅炉房、一个水塔、一个观赏鱼池作为小区配套设施，建筑面积 26 000 平方米。幼儿园和游泳池产权属于公司，建成后将有偿转让给商业部门。各配套设施按占地面积分摊土地出让金、契税、耕地占用税。各分摊明细见表 2-2-1 至表 2-2-3。

表 2-2-1　广西 ZH 房地产有限公司土地出让金成本分摊明细

序号	开发项目	占地面积/平方米	所占比例	分摊总额/元	分摊金额/元	备注
1	商品房	15 504. 10		15 000 000. 00		所占比例等于占地面积除以总占地面积
2	商贸大厦	850. 00				
3	写字楼	1 000. 00				
4	幼儿园	820. 00				
5	水塔	98. 00				
6	锅炉房	200. 00				
7	公园	920. 00				
8	游泳池	500. 00				
9	观赏鱼池	108. 00				
10	合计	20 000. 10				

表 2-2-2 广西 ZH 房地产有限公司耕地占用税成本分摊明细

<table>
<tr><th>序号</th><th>开发项目</th><th>占地面积
/平方米</th><th>所占比例</th><th>分摊总额/元</th><th>分摊金额/元</th><th>备注</th></tr>
<tr><td>1</td><td>商品房</td><td>15 504.10</td><td></td><td rowspan="9">450 002.25</td><td></td><td rowspan="9">所占比例等于占地面积除以总占地面积</td></tr>
<tr><td>2</td><td>商贸大厦</td><td>850.00</td><td></td><td></td></tr>
<tr><td>3</td><td>写字楼</td><td>1 000.00</td><td></td><td></td></tr>
<tr><td>4</td><td>幼儿园</td><td>820.00</td><td></td><td></td></tr>
<tr><td>5</td><td>水塔</td><td>98.00</td><td></td><td></td></tr>
<tr><td>6</td><td>锅炉房</td><td>200.00</td><td></td><td></td></tr>
<tr><td>7</td><td>公园</td><td>920.00</td><td></td><td></td></tr>
<tr><td>8</td><td>游泳池</td><td>500.00</td><td></td><td></td></tr>
<tr><td>9</td><td>观赏鱼池</td><td>108.00</td><td></td><td></td></tr>
<tr><td>10</td><td>合计</td><td>20 000.10</td><td></td><td></td><td></td><td></td></tr>
</table>

表 2-2-3 广西 ZH 房地产有限公司土地契税成本分摊明细

<table>
<tr><th>序号</th><th>开发项目</th><th>占地面积
/平方米</th><th>所占比例</th><th>分摊总额/元</th><th>分摊金额/元</th><th>备注</th></tr>
<tr><td>1</td><td>商品房</td><td>15 504.10</td><td></td><td rowspan="9">600 000.00</td><td></td><td rowspan="9">所占比例等于占地面积除以总占地面积</td></tr>
<tr><td>2</td><td>商贸大厦</td><td>850.00</td><td></td><td></td></tr>
<tr><td>3</td><td>写字楼</td><td>1 000.00</td><td></td><td></td></tr>
<tr><td>4</td><td>幼儿园</td><td>820.00</td><td></td><td></td></tr>
<tr><td>5</td><td>水塔</td><td>98.00</td><td></td><td></td></tr>
<tr><td>6</td><td>锅炉房</td><td>200.00</td><td></td><td></td></tr>
<tr><td>7</td><td>公园</td><td>920.00</td><td></td><td></td></tr>
<tr><td>8</td><td>游泳池</td><td>500.00</td><td></td><td></td></tr>
<tr><td>9</td><td>观赏鱼池</td><td>108.00</td><td></td><td></td></tr>
<tr><td>10</td><td>合计</td><td>20 000.10</td><td></td><td></td><td></td><td></td></tr>
</table>

（14）12 月 20 日，从市规划局取得建设工程规划许可证等证书，支付报批报建登记费 4 800 元，从银行账户直接扣除，相关单据见图 2-12-1 和图 2-12-2，以及表 2-3。

非税收入一般缴款书(收据) 4　　No1234565488

填制日期：2025 年 12 月 20 日　　执收单位名称：广西城乡规划局　　执收单位编码：　组织机构代码：

付款人 全称	广西 ZH 房地产有限公司		收款人 全称	广西城乡规划局	
账号	6222012847281244580		账号	899030848760	
开户行	中国工商银行南宁市高新支行		开户行	中国工商银行南宁市青秀支行	
币种：	金额（大写） 肆仟捌佰元整		（小写）：￥4 800.00		
项目编码	收入项目名称	单位	数量	收缴标准	金额
ADSJ********	报建报批登记费				￥4 800.00
执收单位（盖章）	经办人（签章）		备注：		

校验码：

第四联 执收单位给缴款人的收据

（印章：广西城乡规划局）

图 2-12-1　报批报建登记费收据

ICBC　中国工商银行　　**业务回单（付款）**

日期：2025 年 12 月 20 日　回单编号：13264000008

付款人户名：广西 ZH 房地产有限公司　　付款人开户行：工商银行南宁市高新支行
付款人账号（卡号）：6222012847281244580
收款人户名：南宁市城乡规划局
收款人开户行：工商银行南宁青秀支行
收款人账号（卡号）：899030848760
金额：肆仟捌佰元整　　小写：￥4 800.00

（印章：工行南宁高新支行 2025.12 转讫）

业务（产品）种类：　凭证种类：
摘要：　用途：　币种：人民币
交易机构：0130600202　记账柜员：00001　交易代码：60012　渠道：其他
产品名称：
费用名称：报建报批登记费　应收金额：￥4 800.00
实收金额：　收费渠道：
业务发生账号：
印章：
本回单为第1次打印，注意重复　打印日期：2025 年12 月 20 日　打印柜员：9　验证码：4405111

ZGM-0002201508版杭州融达票证印刷

图 2-12-2　报批报建登记费付款业务回单

表 2-3　广西 ZH 房地产有限公司报建报批及登记费成本分摊明细

序号	开发项目	建筑面积/平方米	所占比例	分摊总额/元	分摊金额/元	备注
1	商品房	26 000		4 800		所占比例等于建筑面积除以总建筑面积
2	商贸大厦	5 000				
3	写字楼	2 500				
4	幼儿园	820				
5	水塔	98				
6	锅炉房	200				
7	公园	920				
8	游泳池	500				
9	观赏鱼池	362				
10	合计	36 400				

（15）12 月 21 日，将写字楼建筑施工承包给南宁市 YF 建筑公司，合同 328 万元，应付进度款 128 万元，款未付，相关单据见图 2-13-1、图 2-13-2。

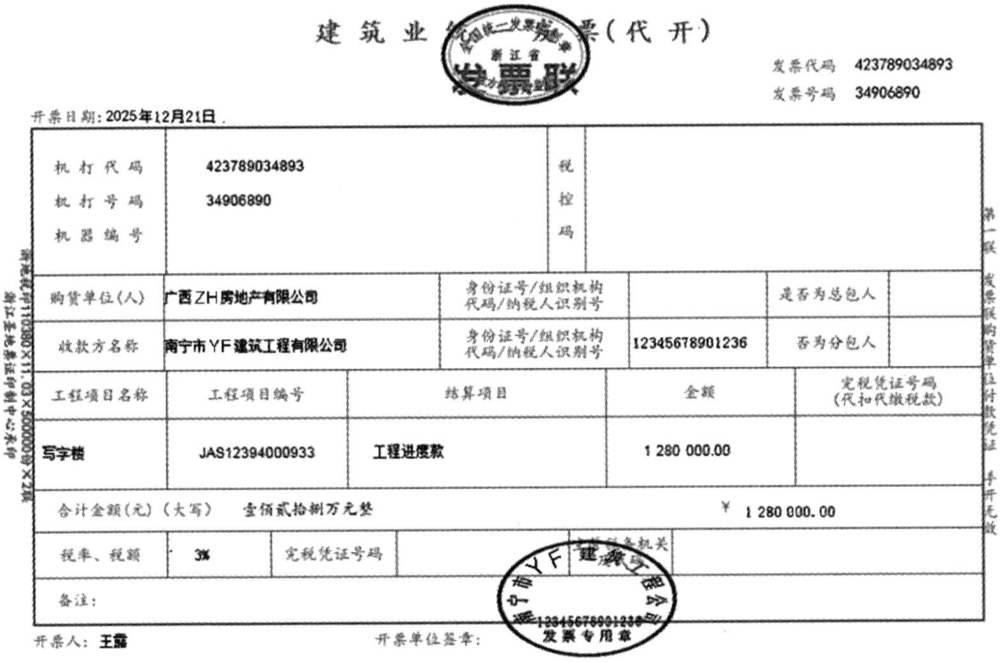
建筑业 票(代开)

发票代码　423789034893
发票号码　34906890

开票日期：2025年12月21日

机打代码 机打号码 机器编号	423789034893 34906890	税控码			
购货单位(人)	广西ZH房地产有限公司	身份证号/组织机构代码/纳税人识别号		是否为总包人	
收款方名称	南宁市YF建筑工程有限公司	身份证号/组织机构代码/纳税人识别号	12345678901236	否为分包人	

工程项目名称	工程项目编号	结算项目	金额	完税凭证号码(代扣代缴税款)
写字楼	JAS12394000933	工程进度款	1 280 000.00	
合计金额(元)(大写)	壹佰贰拾捌万元整		¥ 1 280 000. 00	
税率、税额	3%	完税凭证号码		主管税务机关
备注：				

开票人：王露　　开票单位签章：

图 2-13-1　工程进度款发票

南宁 YF 建筑工程有限公司工程结算单									
建设单位名称：广西 ZH 房地产有限公司　2025 年 12 月 21 日　单位：元									
工程名称	合同造价	本期应收工程款	应扣款项		本期实收工程款	备料款余额	累计本期已收工程价款	尚欠工程款	备注
			预收工程进度	预收备料款					
自建办公楼	3 280 000.00	1 280 000.00		0.00	0.00		0.00	0.00	
合计	3 280 000.00	1 280 000.00		0.00	0.00		0.00	0.00	

图 2-13-2　施工工程结算明细

（16）12 月 22 日，委托规划局设计院出具花园项目设计方案，支付规划设计费 25 800元，开具转账支票，相关单据见图 2-14-1 和图 2-14-2，以及表 2-4。

通发票 N034256452

开票日期：2025年12月22日

购买方	名　　称：广西ZH房地产有限公司 纳税人识别号：115382974246228329 地址、电话：广西南宁市西乡塘区高新路 0771-3811088 开户行及账号：中国工商银行南宁市高新支行 622201284728124458	密码区	67/*+3*0/611*++0/+0*/*+3+2/9 *11*+66666**066611*+66666* 1**+216***6000*261*2*4/*547 203994+-42*64151*6915361/3*

货物或应税劳务、服务名称	规格型号	单位	数量	单价	金额	税率	税额
规划设计费		项	1	24 339.62	24 339.62	6%	1 460.38
合　计					¥ 24 339.62		¥ 1 460.38
价税合计（大写）	贰万伍仟捌佰元整				（小写）　¥ 25 800.00		

销售方	名　　称：南宁市规划局设计院 纳税人识别号：115382974246236745 地址、电话：广西南宁市西乡塘区大学路 0771-3811250 开户行及账号：中国工商银行南宁市西大支行 622201284728124876	备注	南宁市规划局设计院 115382974246236745 发票专用章

收款人：　　复核：　　开票人：刘天　　销售方：章

第二联：发票联　购买方记账凭证

国税函（2014）257号南江印制厂

图 2-14-1　花园项目规划设计费发票

中国工商银行
转账支票存根

附加信息

出票日期 2025 年12 月22 日

收款人: 南宁市规划局设计院

金 额: ¥25 800.00

用 途: 规划设计费

单位主管 王海 会计 李丽

图 2-14-2 花园项目规划设计费转账支票存根

表 2-4 广西 ZH 房地产有限公司报建报批及登记费成本分摊明细

序号	开发项目	建筑面积/平方米	所占比例	分摊总额/元	分摊金额/元	备注
1	商品房	26 000				
2	商贸大厦	5 000				
3	写字楼	2 500				
4	幼儿园	820				
5	水塔	98		25 800		所占比例等于建筑面积除以总建筑面积
6	锅炉房	200				
7	公园	920				
8	游泳池	500				
9	观赏鱼池	362				
10	合计	36 400				

（17）12 月 24 日，预收陈海明购房定金 50 000 元，已收现，收据见图 2-15。

收款收据　　No324567892

2025 年 12 月 24 日

今收到 陈海明

现金收讫

系付： 预付购房定金

金额（大写） ⊗ 佰 ⊗ 拾 伍 万 零 仟 零 佰 零 拾 零 元 零 角 零 分

￥：50 000.00　　（单位盖章）　　广西ZH房地产有限公司 财务专用章

核准　　会计 李丽　　记账　　出纳 刘露　　经手人

存根（白）　记账（黄）

图 2-15　购房定金收据

（18）12 月 25 日，分期收款销售 GH 大厦写字楼一层，已交付。售价 2 180 万元，分四期收回，每期收回 25%，总成本 1 620 万元。第一期房款已收 545 万元，相关明细见表 2-5，单据见图 2-16-1 和图 2-16-2。

表 2-5　销售成本结转明细

2025 年 12 月 25 日

销售项目	销售面积/平方米	销售成本单价/元/平方米	销售成本金额/元	分摊成本额 25%/元
GH 大厦	4 000	4 050.00	16 200 000.00	4 050 000.00
总合计	4 000	4 050.00	16 200 000.00	4 050 000.00

中国工商银行进账单（收账通知）　　3

2025 年 12 月 25 日

出票人	全　称	HT百货商场	收款人	全　称	广西ZH房地产有限公司
	账　号	6222012847281247896		账　号	6222012847281244580
	开户银行	工商银行南宁市西乡塘支行		开户银行	工商银行南宁市高新支行
金额	人民币（大写）	伍佰肆拾伍万元整		千百十万千百十元角分	￥545000000
票据种类	转账	票据张数	壹张		工行南宁高新支行 2025.12 转讫
票据号码					
		复核	记账		收款人开户银行盖章

此联是收款人开户银行交给收款人的收账通知

图 2-16-1　写字楼销售进账单

广 通发票 N034256032

开票日期：2025年12月25日

购买方	名　称：HT百货商场 纳税人识别号：420493004839030002 地址、电话：南宁市大学路 开户行及账号：工行南宁大学路支行6222012846521367 59				密码区	67/*+3*0/611*++0/+0*/*+3+2/9 *11*+66666**066611*+66666* 1**+216***6000*261*2*4/*547 203994+-42*64151*6915361/3*	
货物或应税劳务、服务名称	规格型号	单位	数量	单价	金额	税率	税额
功辉大厦	3栋1402号	平方米	1 000	5 000	5 000 000.00	9%	450 000
合　计					¥5 000 000		¥450 000
价税合计（大写）	伍佰肆拾伍万元整				（小写）¥5 450 000.00		
销售方	名　称：广西ZH房地产有限公司 纳税人识别号：115382974246228329 地址、电话：广西南宁市西乡塘区高新路 0771-3811088 开户行及账号：中国工商银行南宁市高新支行 622201284728124458				备注		

收款人：　　　复核：　　　开票人：李霜　　　销售方：章

国税函（2014）257号新江印刷厂

第一联：记账联　销售方记账凭证

图 2-16-2　写字楼销售发票

（19）12 月 26 日，向柳州市 HB 集团销售 GH 大厦办公楼一层，售价 654 万元，成本 544 万元，购房者开出承兑汇票（6 个月）654 万元，相关单据见图 2-17-1 和图 2-17-2，明细见表 2-6。

商业承兑汇票　　2 AB 01　00354729

出票日期（大写）：贰零贰伍 年 壹拾贰 月 贰拾陆 日

付款人	全称	柳州市HB集团有限公司	收款人	全称	广西ZH房地产有限公司
	账号	3990990300783454333		账号	622201264728124458
	开户银行	中国农业银行柳南支行		开户银行	中国工商银行高新支行
出票金额	人民币（大写）	陆佰伍拾肆万元整	亿 千 百 十 万 千 百 十 元 角 分		¥ 6 5 4 0 0 0 0 0 0
汇票到期日（大写）		贰零贰陆年陆月贰拾陆日	付款行	行号	657432
交易合同号码		165-HU123		地址	柳州市八一路105号
本汇票已经承兑，到期无条件支付票款 承兑人签章： 承兑日期：　年　月　日			本汇票请予以承兑于到期日汇款 柳州市HB集团有限公司 财务专用章 出票人签章：		

此联收款人开户行随托收凭证寄付款行作借方凭证附件

图 2-17-1　办公楼购买承兑汇票

通发票 N034256033

开票日期：2025年12月26日

购买方	名　　称：柳州市HB集团 纳税人识别号：320493004839030002 地址、电话：柳州市柳南路 0772-3899789 开户行及账号：中国农业银行柳南支行 3990990300783454333	密码区	67/*+3*0/611*++0/+0*/*+3+2/9 *11*+66666**066611*+66666* 1**+216***6000*261*2*4/*547 203994+-42*64151*6915361/3*

货物或应税劳务、服务名称	规格型号	单位	数量	单价	金额	税率	税额
功辉大厦	3栋1402号	平方米	1 000	6 000	6 000 000.00	9%	540 000
合　计					¥ 6 000 000		¥540 000
价税合计（大写）	陆佰伍拾肆万元整				（小写）¥ 6 540 000.00		

销售方	名　　称：广西ZH房地产有限公司 纳税人识别号：115382974246228329 地址、电话：广西南宁市西乡塘区高新路 0771-3811088 开户行及账号：中国工商银行南宁市高新支行 622201284728124458	备注	

收款人：　　复核：　　开票人：李露　　销售方：章

国税函（2014）257号浙江印钞厂

第一联：记账联　销售方记账凭证

图 2-17-2　办公楼销售发票

表 2-6　销售成本结转明细

2025 年 12 月 26 日

销售项目	销售面积/平方米	销售成本单价/元	销售成本金额/元
GH 大厦	1 000	5 440.00	5 440 000.00
总合计	1 000	5 440.00	5 440 000.00

（20）12 月 27 日，向五金商贸店购入勘察测量工具一批，工作服 60 套，已付现，相关发票见图 2-18。

……通发票 NO34256784201

开票日期：2025年12月27日

购买方	名　　称：广西ZH房地产有限公司 纳税人识别号：115382974246228329 地址、电话：广西南宁市西乡塘区高新路 0771-3811088 开户行及账号：中国工商银行南宁市高新支行 622201284728124458			密码区	67/*+3*0/611*++0/+0*/*+3+2/9 *11*+66666**066611*+66666* 1**+216***6000*261*2*4/*547 203994+-42*64151*6915361/3*		
货物或应税劳务、服务名称	规格型号	单位	数量	单价	金额	税率	税额
勘察工具		个	1	2 800	2 800.00	3%	84
工作服		套	60	150	9 000.00	3%	270
合　计					¥ 11 800		¥ 354
价税合计（大写）	壹万贰仟壹佰伍拾肆元整				（小写） ¥ 12 154.00		
销售方	名　　称：南宁金宁五金店 纳税人识别号：115382974246236755 地址、电话：广西南宁市西乡塘区大学路 0771-3811234 开户行及账号：中国工商银行南宁市西大支行 622201284728124461			备注	南宁市金宁五金店 115382974246236755 发票专用章		

现金付讫

收款人：　　复核：　　开票人：刘一一　　销售方：章

国税函（2014）257 号浙江印刷厂

第二联：发票联　购买方记账凭证

图 2-18　勘察工具及工作服购买发票

（21）12 月 28 日，支付市环保局开发项目环境影响评估报告费 8 000 元，支付公安局消防评估费 6 500 元，相关单据见图 2-19-1 至图 2-19-4，明细见表 2-7。

ICBC　中国工商银行　　业务回单（付款）

日期：2025 年 12 月 28 日　回单编号：13264000010

付款人户名：广西 ZH 房地产有限公司　　付款人开户行：工商银行南宁市高新支行

付款人账号（卡号）：6222012847281244580

收款人户名：广西南宁市环保局

收款人开户行：工商银行南宁市青秀支行

收款人账号（卡号）：6222012847281244872

金额：捌仟元整　　小写：¥8 000.00

工行南宁高新支行 2025.12 转讫

业务（产品）种类：　凭证种类：　凭证号码：

摘要：　用途：　币种：人民币

交易机构：0130600202　记账柜员：00001　交易代码：60015　渠道：其他

产品名称：

费用名称：环境影响评估报告费　　应收金额：¥8 000.00

实收金额：　　收费渠道：

业务发生账号：

印章：

本回单为第1次打印，注意重复　打印日期：2025 年 12 月 28 日　打印柜员：9　验证码：4405111

ZGM-00022015 08版杭州融达票证印刷

图 2-19-1　环境影响评估报告费支付业务用单

非税收入一般缴款书(收据) 4

No 398701235

填制日期：2025 年 12 月 28 日　　执收单位名称：广西高新开发区环境保护局　　执收单位编码：
组织机构代码：

付款人	全称	广西ZH房地产有限公司	收款人	全称	广西高新开发区环境保护局	
	账号	6222012847281244580		账号	899030848756	
	开户行	中国工商银行南宁市高新支行		开户行	中国工商银行南宁市高新支行	
币种：	金额(大写) 捌仟元整			(小写)：¥8 000		
项目编码	收入项目名称	单位	数量	收缴标准	金额	
ADSJ********	环境影响评估报告费				8 000	
执收单位(盖章) 广西高新开发区环境保护局	经办人(签章)		备注：			

校验码：

第四联 执收单位给缴款人的收据

图 2-19-2　环境影响评估报告费收据

ICBC　中国工商银行　　业务回单（付款）

日期：2025 年 12 月 28 日　回单编号：13264000011

付款人户名：广西ZH房地产有限公司　　付款人开户行：工商银行南宁市高新支行
付款人账号（卡号）：6222012847281244580
收款人户名：广西南宁市公安局
收款人开户行：工商银行南宁市青秀支行
收款人账号（卡号）：6222012847281244798
金额：陆仟伍佰元整　　小写：¥6 500.00

工行南宁高新支行 2025.12 转讫

业务（产品）种类：　凭证种类：　凭证号码：
摘要：　用途：　币种：人民币
交易机构：0130600202　记账柜员：00001　交易代码：60014　渠道：其他
产品名称：
费用名称：消防评估报告费　　应收金额：¥6 500.00
实收金额：　　收费渠道：
业务发生账号：

印章：

本回单为第1次打印，注意重复　打印日期：2025 年12 月 28 日　打印柜员：9　验证码：4405111

ZGM—0002201508版杭州融达票证印刷

图 2-19-3　消防评估报告费支付业务回单

非税收入一般缴款书(收据) 4

No398701234

填制日期：2025 年 12 月 28 日　　执收单位名称：广西城乡规划局　　执收单位编码：　组织机构代码：

付款人	全称	广西 ZH 房地产有限公司	收款人	全称	广西南宁市公安局
	账号	6222012847281244580		账号	899030848790
	开户行	中国工商银行南宁市高新支行		开户行	中国工商银行南宁市青秀支行
币种：	金额（大写）	陆仟伍佰元整		（小写）：	¥6 500

项目编码	收入项目名称	单位	数量	收缴标准	金额
ADSJ********	消防报告费				6 500

执收单位（盖章）　广西南宁市公安局　　经办人（签章）　　备注：

校验码：

第四联　执收单位给缴款人的收据

图 2-19-4　消防报告费收据

表 2-7　广西 ZH 房地产有限公司环保及消防评估费分摊明细

序号	开发项目	建筑面积/平方米	所占比例	分摊总额/元	分摊金额/元	备注
1	商品房	26 000		14 500		所占比例等于建筑面积除以总建筑面积
2	商贸大厦	5 000				
3	写字楼	2 500				
4	幼儿园	820				
5	水塔	98				
6	锅炉房	200				
7	公园	920				
8	游泳池	500				
9	观赏鱼池	362				

（22）12 月 29 日，一次性领用摊销勘察工具及工作服，相关单据见图 2-20、分摊明细见表 2-8。

出库单　　　No 23453330

送货厂商：广西ZH房地产有限公司

物料类别：☐ 原材料　☐ 成品　☑ 其他　　　2025 年12 月 29 日

品名/牌号	订单号	规格	数量	单位	单价	金额
勘察工具			1	个	2 884	￥2 884.00
工作服			60	套	154.5	￥9 270.00
合计						￥12 154.00

第二联交财务部

主管：盛鸿　　品管：张翰　　仓库：杨军　　送货人：王勇

图 2-20　勘察工具及工作服出库单

表 2-8　2025 年 12 月周转材料分摊

费用项目	摊销总额/元	摊销方法	本次摊销额/元
勘察工具	2 884.00	一次摊销法	2 884.00
劳保工具（工作服）	9 270.00	一次摊销法	9 270.00
合计			12 154.00

（23）12 月 29 日，受市政工程委托，代为扩建小区道路。扩建过程中，支付拆迁补偿费 320 000 元，前期工程费 150 000 元，应付杭州 TA 建筑公司代建基础设施工程款 540 000 元，代建工人工资 85 000 元，相关单据见图 2-21-1 至图 2-21-3，成本明细见表 2-9。

中国工商银行 电汇凭证（回单）1

☑ 普通 ☐ 加急　　委托日期：2025年12月29日

汇款人	全称	广西ZH房地产有限公司	收款人	全称	杭州市TA建筑工程有限公司
	账号	622201284728124458		账号	622201284728189035O
	汇出地点	广西 省 南宁 市/县		汇入地点	浙江省 省 杭州 市/县
汇出行名称		中国工商银行南宁市高新支行	汇入行名称		中国工商银行杭州市西湖支行
金额		肆拾柒万元整	亿千百十万千百十元角分		￥47000000
工行南宁高新支行 2025.12 转讫		汇出行签章	票证安全码		
			附加信息及用途：		
			复核：　记账：		

此联汇出行给汇款人的回单

图 2-21-1　拆迁补偿费及前期工程费电汇凭证

建筑业统一发票（代开）

发票联

发票代码　423789034893

发票号码　34906893

开票日期：2025年12月29日

机打代码 机打号码 机器编号	423789034893 34906892	税控码			
购货单位（人）	广西ZH房地产有限公司	身份证号/组织机构代码/纳税人识别号		是否为总包人	
收款方名称	杭州市TA建筑工程有限公司	身份证号/组织机构代码/纳税人识别号	12345678901870	是否为分包人	
工程项目名称	工程项目编号	结算项目	金额	完税凭证号码（代扣代缴税款）	
小区道路工程	JAS12394000935	拆迁工程款	470 000.00		
合计金额（元）（大写）肆拾柒万元整			￥470 000.00		
税率、税额	3%	完税凭证号码		主管税务机关及代码	
备注：					

（印章：杭州市TA建筑工程有限公司 12345678901870 发票专用章）

开票人：王芳　　开票单位签章：　　收款方签章：

浙地税印110380×11.03×50000份×2联 浙江圣地票证印制中心承印

第一联 发票联 购货单位付款凭证 手开无效

图 2-21-2　拆迁工程款支付发票

建筑业统一发票（代开）

发票联

发票代码　423789034893

发票号码　34906894

开票日期：2025年12月29日

机打代码 机打号码 机器编号	423789034893 34906893	税控码			
购货单位（人）	广西ZH房地产有限公司	身份证号/组织机构代码/纳税人识别号		是否为总包人	
收款方名称	杭州市TA建筑工程有限公司	身份证号/组织机构代码/纳税人识别号	12345678901870	是否为分包人	
工程项目名称	工程项目编号	结算项目	金额	完税凭证号码（代扣代缴税款）	
小区道路工程	JAS12394000935	基础设施工程款	540 000.00		
合计金额（元）（大写）伍拾肆万元整			￥540 000.00		
税率、税额	3%	完税凭证号码		主管税务机关及代码	
备注：					

（印章：杭州市TA建筑工程有限公司 12345678901870 发票专用章）

开票人：王芳　　开票单位签章：　　收款方签章：

浙地税印110380×11.03×50000份×2联 浙江圣地票证印制中心承印

第一联 发票联 购货单位付款凭证 手开无效

图 2-21-3　基础设施工程款支付发票

表 2-9　代建工程开发成本明细

序号	项目	金额/元	备注
1	拆迁补偿费	320 000.00	扩建南宁开发小区门口道路工程款已于本月 20 日完工
2	前期工程费	150 000.00	
3	基础设施工程款	540 000.00	
4	代建工程工资	85 000.00	
	合计	1 095 000.00	

（24）12 月 30 日，通过银行转账偿还工程进度款，相关单据见图 2-22。

ICBC　中国工商银行　　　业务回单（付款）

日期：2025 年 12 月 30 日　回单编号：13264000019

ZGM-0002201508 版杭州融达票证印刷

付款人户名：广西 ZH 房地产有限公司　　付款人开户行：工商银行南宁市高新支行

付款人账号（卡号）：6222012847281244580

收款人户名：南宁 YF 建筑工程有限公司

收款人开户行：工商银行南宁市青秀支行

收款人账号（卡号）：6222012847281244875

金额：壹佰贰拾捌万元整　　小写：¥1 280 000.00

（印章：工行南宁高新支行 2025.12 转讫）

业务（产品）种类：　凭证种类：　凭证号码：

摘要：　用途：　币种：人民币

交易机构：0130600202　记账柜员：00001　交易代码：60015　渠道：其他

产品名称：

费用名称：工程进度款　应收金额：¥1 280 000.00

实收金额：　收费渠道：

业务发生账号：

印章：

本回单为第1次打印，注意重复　打印日期：2025 年 12 月 30 日　打印柜员：9　验证码：4405111

图 2-22　工程进展款支付业务回单

（25）12 月 30 日，收到建材公司石灰，材料入库、补付余款，相关单据见图 2-23-1 至图 2-23-3。

入库单　　No23453331

送货厂商：广西 ZH 房地产有限公司

物料类别：☑ 原材料　☐ 成品　☐ 其他　　2025 年 12 月 30 日

品名/牌号	订单号	规格	数量	单位	单价（含税）	金额
石灰			200	吨	5 220.60	¥1 044 120.00
合计						¥1 044 120.00

第二联交财务部

主管：盛鸿　　品管：张翰　　仓库：杨军　　送货人：王勇

图 2-23-1　石灰入库单

ICBC　中国工商银行　**业务回单（付款）**

日期：2025 年 12 月 30 日　回单编号：13264000021

ZGM-0002201508版杭州融达票证印刷

付款人户名：广西ZH房地产有限公司　付款人开户行：工商银行南宁市高新支行
付款人账号（卡号）：6222012847281244580
收款人户名：南宁YF建筑工程有限公司
收款人开户行：工商银行南宁市青秀支行
收款人账号（卡号）：6222012847281244875
金额：肆万肆仟壹佰贰拾元整　小写：¥44 120.00

（工行南宁高新支行 2025.12 转讫）

业务（产品）种类：　凭证种类：　凭证号码：
摘要：　用途：　币种：人民币
交易机构：0130600202　记账柜员：00001　交易代码：60015　渠道：其他
产品名称：
费用名称：石灰材料尾款　应收金额：¥44 120.00
实收金额：　收费渠道：
业务发生账号：
印章：

本回单为第1次打印，注意重复　打印日期：2025 年12 月30 日　打印柜员：9　验证码：4405111

图 2-23-2　石灰尾款支付业务回单

广西增值税专用发票　NO 453678900876

开票日期：2025 年12月30日

购买方	名　称：广西ZH房地产有限公司 纳税人识别号：115382974246228329 地址、电话：广西南宁市西乡塘区高新路 0771-3811088 开户行及账号：工商银行南宁市高新支行6222012847281244580				密码区	67/*+3*0/611*++0/+0*/*+3+2/9 *11*+66666**066611*+66666* 1**+216***6000*261*2*4/*547 203994+-42*64151*6915361/3*		
货物或应税劳务、服务名称	规格型号	单位	数量	单价	金额	税率	税额	
石灰		吨	200	4 620	924 000.00	13%	120 120	
合　计					¥ 924 000		¥ 120 120	
价税合计（大写）	壹佰零肆万肆仟壹佰贰拾元整				（小写）¥ 1 044 120.00			
销售方	名　称：南宁市YF建筑有限公司 纳税人识别号：115382974246228820 地址、电话：广西南宁市西乡塘区鲁班路 0771-3811050 开户行及账号：工商银行南宁市高新支行6222012847281244909				备注	（南宁市YF建筑有限公司 115382974246228820 发票专用章）		

收款人：王磊　复核：　开票人：刘明　销售方：（章）

国税函〔2014〕257号　第三联：发票联　购买方记账凭证

图 2-23-3　石灰购买发票

（26）12 月 30 日，业务部门领用石灰 14 吨，价值 64 680 元，对已办理竣工结算但未售出的商品房进行维修，单据见图 2–24。

领　料　单

仓库：　原材料仓库　　　　　　　2025　年 12　　月30　　日　　　　　　　　　领料单编号：11383889

编号	类别	物料名称	规格	单位	数量		实际价格	
					请领	实发	不含税单价	金额（元）
	材料	石灰		吨	14		4 620	¥64 680.00
合计								¥64 680.00
用途					领料部门		发料部门	
					负责人	领料人	核准人	发料人
					王英	钱伟		王英

第三联　交财务

图 2–24　石灰领料单

（27）12 月 31 日，计提长期借款、短期借款利息费用，单据见图 2–25。

银行借款利息计算单

2025 年 12　月 31　日

借款种类	借款金额（元）	年贷款利率	月利息额（元）	备注
长期借款	57 350 000	5.1%	243 737.50	
短期借款	5 800 000	6%	29 000.00	
合计			272 737.50	

编制　吴衡　　　　　　　　　　　　　　　审核　阳光

图 2–25　银行借款利息计算单

（28）12 月 31 日，支付当月水电费，相关单据见图 2–26–1 至图 2–26–4。

广西增值税专用发票　NO 4536789006

开票日期：2025年12月31日

购买方	名　称：广西ZH房地产有限公司 纳税人识别号：115382974246228329 地址、电话：广西南宁市西乡塘区高新路 0771-3811088 开户行及账号：工商银行南宁市高新支行 6222012847281244580	密码区	67/*+3*0/611*++0/+0*/*+3+2/9 *11*+66666**066611*+66666* 1**+216***6000*261*2*4/*547 203994+-42*64151*6915361/3*

货物或应税劳务、服务名称	规格型号	单位	数量	单价	金额	税率	税额
电费		度	590	2.5	1 475.00	13%	191.75
合　计					¥ 1 475		¥ 191.75
价税合计（大写）	壹仟陆佰陆拾陆元柒角伍分				（小写）　¥1 666.75		

销售方	名　称：南宁市供电局 纳税人识别号：12345678901783 地址、电话：广西南宁市民主路20号 0771-3231050 开户行及账号：工商银行南宁市民主支行 6222012847281246378	备注	

收款人：　　　　　　　复核：　　　　　　　　开票人：　李艳　　　　　　销售方：（章）

第三联：发票联　购买方记账凭证

国税函（2014）257 号

图 2–26–1　电费支付发票

项目二　房地产企业会计模拟实训

广西增值税专用发票　NO 4536789009

开票日期：2025年12月31日

购买方	名　　称：广西ZH房地产有限公司 纳税人识别号：115382974246228329 地址、电话：广西南宁市西乡塘区高新路 0771-3811088 开户行及账号：工商银行南宁市高新支行 6222012847281244580			密码区	67/*+3*0/611*++0/+0*/*+3+2/9 *11*+66666**066611*+66666* 1**+216***6000*261*2*4/*547 203994+-42*64151*6915361/3*		
货物或应税劳务、服务名称	规格型号	单位	数量	单价	金额	税率	税额
自来水		吨	50	4.00	200	9%	18
合　　计					¥ 200		¥ 18
价税合计（大写）	贰佰壹拾捌元整				（小写）　¥ 218.00		
销售方	名　　称：南宁市自来水公司 纳税人识别号：1122123497133 地址、电话：广西南宁市西乡塘区秀厢大道0771-7825147 开户行及账号：工商银行南宁市西乡塘支行 6222012847281243355			备注			

收款人：　　复核：　　开票人：李艳　　销售方：章

国税函（2014）257号

第三联：发票联　购买方记账凭证

图 2-26-2　自来水费支付发票

ICBC 中国工商银行　托收凭证（付款通知）

5

委托日期　2025 年 12 月 15 日　　　付款期限　2025 年 12 月 31 日

业务类型	委托收款（☐ 邮划、☑ 电划）　托收承付（☐ 邮划、☐ 电划）					
付款人	全称	广西ZH房地产有限公司	收款人	全称	南宁市供电局	
	账号	6222012847281244580		账号	62222012847281246378	
	地址	广西 省南宁 市县　开户行 工行南宁市高新支行		地址	广西 省南宁 市县　开户行 工行南宁民主支行	
金额	人民币（大写）	壹仟陆佰陆拾陆元柒角伍分		亿 千 百 十 万 千 百 十 元 角 分	¥ 1 6 6 6 7 5	
款项内容	电费	托收凭据名称		附寄单证张数		
商品发运情况		合同名称号码				
备注： 付款人开户银行收到日期： 年　月　日 复核　　记账		付款人开户银行签章： 2025 年 12 月 31 日		付款人注意： 1.根据支付结算办法，上列委托收款（托收承付）款项再付款期限内未提出拒付，即视为同意付款，以此代付款通知。 2.如需提出全部或部分拒付，应在规定期限内，将拒付理由书并附债务证明退交开户银行。		

中国工商银行南宁市高新支行 2025.12.31 结算专用章

175×100mm　浙工1008

此联付款人开户银行给付款人的按期付款通知

图 2-26-3　电费托收凭证

ICBC 中国工商银行 托收凭证（付款通知）

5

委托日期 2025 年 12 月 15 日　　付款期限 2025 年 12 月 31 日

业务类型	委托收款（□邮划、☑电划） 托收承付（□邮划、□电划）				
付款人 全称	广西 ZH 房地产有限公司		收款人 全称	南宁市自来水公司	
付款人 账号	6222012847281244580		收款人 账号	62222012847281243355	
付款人 地址	广西 省 南宁 市县	开户行 工行南宁市高新支行	收款人 地址	广西 省 南宁 市县	开户行 工行南宁西乡塘支行
金额	人民币（大写） 贰佰壹拾捌元整			亿千百十万千百十元角分：¥ 2 1 8 0 0	
款项内容	水费	托收凭据名称		附寄单证张数	
商品发运情况			合同名称号码		
备注： 付款人开户银行收到日期： 年 月 日 复核 记账	中国工商银行南宁市高新支行 2025.12.31 结算专用章 付款人开户银行签章： 2025 年 12 月 31 日		付款人注意： 1. 根据支付结算办法，上列委托收款（托收承付）款项再付款期限内未提出拒付，即视为同意付款，以此代付款通知。 2. 如需提出全部或部分拒付，应在规定期限内，将拒付理由书并附债务证明退交开户银行。		

175×100mm 浙工1008 杭州掀泛务证印制

此联付款人开户银行给付款人的按期付款通知

图 2-26-4　水费托收凭证

（29）12 月 31 日，计算分配本月工资费用，相关明细见表 2-10。

表 2-10　广西 ZH 房地产有限公司工资计提明细

2025 年 12 月　　单位：元

部门名称	基本工资	各类补贴及奖金	应付工资	代扣房租水电费	实发工资	备注
行政部门	30 000	27 000	57 000	1 300	55 700	
销售部门	25 000	32 000	57 000	1 000	56 000	
工程部门	67 000	47 000	114 000	2 000	112 000	
总计	122 000	106 000	228 000	4 300	223 700	

（30）12 月 31 日，计提本月应承担的社会保险费、住房公积金等，相关明细见表 2-11。

表 2-11　广西 ZH 房地产有限公司社会保险分配明细

编制时间：2025 年 12 月　　　　金额单位：元

部门	人数	工资基数	单位缴纳						
			养老保险	医疗保险	工伤保险	失业保险	生育保险	住房公积金	合计
			0.2	0.08	0.01	0.02	0.018	0.1	
管理部	15	57 000.00	11 400.00	4 560.00	570.00	1 140.00	1 026.00	5 700.00	24 396.00
销售部	15	57 000.00	11 400.00	4 560.00	570.00	1 140.00	1 026.00	5 700.00	24 396.00
工程部	30	114 000.00	22 800.00	9 120.00	1 140.00	2 280.00	2 052.00	11 400.00	48 792.00
总计									97 584.00

（31）12 月 31 日，计提折旧，相关明细见表 2-12。

表 2-12　固定资产折旧明细

编制单位：广西 ZH 房地产有限公司

编制时间：2025 年 12 月 1 日至 2025 年 12 月 31 日

名称	数量	使用年限/年	原值/元	残值/元	上期累计折旧/元	本月折旧/元	本期累计折旧/元	净值/元
工程部								
搅拌机	1 台	10	95 000.00	4 790.00	23 510.92	758.42	24 269.34	65 940.66
挖掘机	1 台	10	192 950.00	9 647.50	47 353.14	1 527.52	48 880.66	134 421.84
锅炉	1 台	8	16 000.00	800.00	4 908.33	158.33	5 066.66	10 133.34
电子经纬仪	1 台	5	39 200.00	1 960.00	19 240.46	620.66	19 861.12	17 378.88
测绘经纬仪	1 台	5	19 200.00	960.00	9 424.00	304.00	9 728.00	8 512.00
水准仪	1 台	5	49 000.00	2 450.00	24 050.83	775.83	24 826.66	21 723.34
专用机床	1 台	8	320 000.00	16 000.00	88 666.67	3 166.57	91 833.34	212 166.66
HP 电脑	1 台	10	200 000.00	10 000.00	49 083.33	1 583.33	50 666.66	139 333.34
HP 激光打印机	1 台	5	14 000.00	700.00	6 871.77	221.67	7 093.44	6 206.56
工程复印机	1 台	5	9 600.00	480.00	4 712.00	152.00	4 864.00	4 256.00
金杯面包车	1 辆	8	86 858.00	4 342.00	26 645.50	859.53	27 505.03	55 010.97
丰田轿车	1 辆	8	450 000.00	22 500.00	138 047.03	4 453.13	142 500.16	284 999.84
发电车间	1 个	10	800 000.00	40 000.00	164 666.66	6 333.33	170 999.99	589 000.01
塔吊机建筑	4 个	10	519 600.00	25 940.90	132 794.41	4 283.81	137 078.12	356 580.98
小计			2 811 408.00	140 570.40	739 975.05	25 198.13	765 173.18	1 905 664.42
管理部门								
奥迪轿车	1 辆	8	528 000.00	26 400.00	161 975.00	5 225.00	167 200.00	334 400.00
捷达轿车	1 辆	8	124 800.00	6 240.00	38 285.00	1 255.00	39 540.00	79 020.00

表 2-12（续）

名称	数量	使用年限/年	原值/元	残值/元	上期累计折旧/元	本月折旧/元	本期累计折旧/元	净值/元
志高空调	1 台	5	3 210.00	180.50	1 575.73	50.80	1 626.53	1 402.97
爱普森针式打印机	1 台	5	3 000.00	150.00	1 470.50	47.50	1 518.00	1 332.00
格力空调	1 台	5	6 680.00	334.00	3 276.67	105.77	3 382.44	2 963.56
打印机	4 台	5	6 400.00	320.00	3 141.23	101.33	3 242.56	2 837.44
手机	2 部	3	4 996.00	249.00	4 087.04	131.84	4 218.88	528.12
保险柜	2 个	3	6 446.00	337.30	5 510.62	178.02	5 688.64	420.06
办公家具	1 件	5	19 800.00	990.00	9 710.50	313.50	10 024.00	8 786.00
电脑	9 台	3	38 091.00	1 870.35	30 935.26	977.29	31 912.55	4 308.10
小计			741 423.00	37 071.15	259 967.55	8 386.05	268 353.60	435 998.25
销售部门								
志高空调	1 台	5	3 210.00	180.50	1 575.73	50.80	1 626.53	1 402.97
格力空调	2 台	5	6 680.00	334.00	3 276.67	105.77	3 382.44	2 963.56
打印机	1 台	4	3 000.00	150.00	1 470.50	47.50	1 518.00	1 332.00
捷达轿车	2 辆	8	313 800.00	15 670.05	120 452.22	3 885.45	124 337.67	173 792.28
小计			326 690.00	16 334.55	126 775.12	4 089.52	130 864.64	179 490.81
合计			3 879 521.00	193 976.10	1 126 717.72	37 673.70	1 164 391.42	2 521 153.48

（32）12 月 31 日，按直接成本法分摊本月开发间接费用，相关明细见表 2-13。

表 2-13　广西 ZH12 月开发间接费用分摊明细　　单位：元

序号	开发项目	直接成本	所占比例/%	分摊总额	分摊金额	备注
1	商品房			214 944.13		所占比例等于直接成本除以总直接成本
2	商贸大厦					
3	写字楼					
4	幼儿园					
5	水塔					
6	锅炉房					
7	公园					
8	游泳池					
9	观赏鱼池					

（33）12 月 31 日，计提本月各项税金及附加税费，相关明细见表 2-14-1 和表 2-14-2。

表 2-14-1　应交增值税计算

2025 年 12 月 31 日　　　　单位：元

业务编号	销项税额	进项税额	进项税额转出
合计			
应纳税额			

表 2-14-2　应交城市维护建设税、应交教育费附加计算

2025 年 12 月 31 日

项目	计税基数	税率	金额/元
应交城市维护建设税	增值税	7%	
应交教育费附加	增值税	3%	
合计			

（34）结转本期损益类账户，计算本月的利润总额，相关费用见表 2-15-1 和表 2-15-2。

表 2-15-1　12 月成本费用构成明细

项目	行次	金额/元
营业成本	1	
税金及附加	2	
销售费用	3	
管理费用	4	
财务费用	5	
营业外支出	6	

表 2-15-2　12 月收入总额构成明细

项目	行次	金额/元
主营业务收入	1	
投资收益	2	
营业外收入	3	

（35）计算本月应交企业所得税，见表2-16。

表2-16　企业所得税计提表

所属日期　　年　　月　　日至　　年　　月　　日　　　　　　　　单位：元

项　　目	金　　额
收入总额	
成本费用总额	
利润总额	
使用税率	
应纳税额	

（36）结转所得税费用。

（37）提取法定盈余公积。

（38）年末结转利润分配账户。

项目三

酒店企业会计模拟实训

一、模拟企业的基本情况

模拟企业的基本情况如表 3-1 所示。

表 3-1　模拟企业的基本情况

项目	描述
企业名称	广西 QH 酒店
企业类型	酒店业
法人代表	郑华
企业地址	广西南宁市秀灵路×××号
联系电话	0771-3211×××
占地面积	500 平方米
税务登记号	33112220141××××
注册资金	600 万元
开户银行	中国工商银行××路支行
银行账号	210810×××
股东成员及持股比例	郑华（投资比例 80%） 刘明（投资比例 20%）
基本设施	前台接待、客房接待、餐饮接待
员工人数	22 人

二、模拟企业的初始数据

模拟企业的初如数据如表 3-2 所示。

表 3-2　2025 年 12 月初账户余额

金额单位：元

总账科目	明细科目		方向	余额		数量	单价
				借方	贷方		
库存现金			借	800			
银行存款			借	120 600			
其他应收款	代扣房租水费		借	1 300			
在途物资	凉茶		借	3 500		50	70
	牛奶		借	3 500		50	70
	矿泉水		借	1 000		100	10
应收账款	甲公司		借	26 000			
原材料	客房部	牙具	借	2 400		1 200	2
		梳子	借	2 200		1 100	2
		洗发液	借	1 280		1 280	1
		润肤露	借	1 300		1 300	1
		香皂	借	1 978		989	2
		浴帽	借	2 700		1 350	2
		袋茶	借	1 800		900	2
		针线包	借	860		860	1
		火柴	借	2 120		1 060	2
		口杯盖	借	1 020		1 020	1
		抽纸	借	1 900		950	2
		卷纸	借	4 000		2 000	2
		擦鞋纸	借	890		890	1
		拖鞋	借	3 960		1 320	3
		小垃圾袋	借	4 800		1 600	3
		礼品袋	借	4 260		852	5
		便签笔	借	3 100		620	5
		普洱茶	借	1 848		924	2
		铁观音	借	1 690		845	2
		信纸	借	2 000		1 000	2
		便笺纸	借	2 412		1 206	2
	原材料及主要材料	粮食类	借	8 900			
		干货类	借	15 600			
		酒水类	借	30 300			
	其他		借	1 200			

表3-2(续)

总账科目	明细科目	方向	余额		数量	单价
			借方	贷方		
库存商品	护理套	借	12 000		1 200	10
	矿泉水	借	3 606		1 803	2
	毛巾	借	15 300		1 530	10
周转材料	压缩毛巾	借	13 160		1 645	8
	剃须刀	借	17 000		1 700	10
	牛奶	借	11 160		1 860	6
	凉茶	借	8 220		1 370	6
	薯片	借	7 290		1 458	5
	床单	借	20 000		200	100
	办公桌	借	60 000		60	1 000
	毛巾	借	4 000		200	20
	浴巾	借	12 000		200	60
固定资产			4 000 000			
累计折旧		贷		730 000		
短期借款		贷		150 000		
应付账款	柳州 FS 公司	贷		65 400		
	广西 NF 公司	贷		22 400		
	广西 HD 公司	贷		35 000		
	广西自来水有限公司	贷		8 000		
预收账款	预收房金	贷		70 000		
应付职工薪酬		贷		81 300		
应交税费		贷		10 000		
实收资本		贷		2 920 000		
盈余公积		贷		280 000		
利润分配	未分配利润	贷		72 854		

三、12 月经济业务

（1）12 月 1 日，收到 LS 公司的床位预订费 5 000 元。

（2）12 月 1 日，出纳李林从银行提取现金 4 000 元备用。

（3）12 月 1 日，购买办公用品 180 元。

（4）12 月 2 日，以银行存款 20 000 元汇往南京开设采购专户。

（5）12 月 5 日，从 WD 供暖设备公司购入空调一台，价税款合计 29 750 元，款项未付。

（6）12月6日，支付安装费200元，安装完毕交付使用。

（7）12月6日，行政部领用办公桌2张，每张1 000元，采用一次摊销法摊销。

（8）12月7日，向长明公司购入1 000条毛巾，发票上注明价款金额为11 600元，毛巾已验收入库，开出转账支票。

（9）12月7日，向AX公司购入大米30袋，每袋100元，以现金支付。

（10）12月7日，根据本周营业收入日报表，编制营业收入周报表，确认本周收入，并将现金存入银行。

（11）12月8日，购进黄酒100箱，每箱600元，款项未付，黄酒尚未入库。

（12）12月10日，餐饮部收银台交来“销货日报表”和“收款日报表”。

（13）12月12日，采购员出差预借差旅费900元。

（14）12月13日，开出不带息商业承兑汇票一张，抵付NF公司的货款22 400元。

（15）12月14日，采购员出差回来，报销差旅费800元，退回现金100元。

（16）12月14日，根据本周营业收入日报表，编制营业收入周报表，确认本周收入，并将现金存入银行。

（17）12月16日，提现80 000元，作为备发工资。

（18）12月17日，发放工资80 000元，并为员工垫支房租水费1 300元。

（19）12月20日，确认一笔坏账26 000元。

（20）12月21日，根据本周营业收入日报表，编制营业收入周报表，确认本周收入，并将现金存入银行。

（21）12月24日，收到本月购买的佳佳食品厂送来的凉茶50箱、牛奶50箱、矿泉水50箱，验收无误签收。

（22）12月26日，购进猪肉取得普通发票，重量100千克，单价35.1元/千克，金额3 510元，以现金支付，由厨房直接领取。

（23）12月27日，从广州HQ有限公司购入10 000包一次性沐浴露（每包1.17元）10 000包洗发露（每包1.17元），发票上注明价税款23 400元，商品已验收入库，签发3个月的商业承兑汇票一张。

（24）12月28日，开出转账支票一张，支付宣传费3 000元。

（25）12月28日，住客损坏烟灰缸一个，赔偿80元。

（26）12月28日，向银行借入6个月贷款300 000元，存入银行。

（27）12月30日，办公室送来报账发票，业务招待费480元，以现金付讫。

（28）12月31日，收到银行存款利息200元，直接划入公司存款账户。

（29）12月31日，收到广西HL旅行社违约赔偿金10 000元，款项已存入银行。

（30）12月31日，通过红十字会向希望工程捐款9 000元，用转账支票支付。

（31）12月31日，用银行存款支付上月水费。

（32）12月31日，计提本月职工工资81 300元，其中，工作人员工资51 300元、管理人员工资30 000元。

（33）12月31日，发放员工困难补助3 400元，以现金付讫。

（34）12 月 31 日，计提固定资产折旧 800 元。

（35）12 月 31 日，用现金支付客房消毒费 2 000 元。

（36）12 月 31 日，支付本月管理部门电话费 680 元。

（37）12 月 31 日，租入一套办公用房，租赁期为 5 年，租入后进行装修的费用为 30 000 元，以银行存款支付。

（38）12 月 31 日，收到广西 DH 公司投入的资本金 60 000 元，款项收讫存入银行。

（39）销售白酒 50 箱，其中现金 3 000 元，信用卡 12 000 元，手续费 2%，成本 10 000元。

（40）12 月 31 日，根据本周营业收入日报表，编制营业收入周报表，确认本周收入，并将现金存入银行。

（41）12 月 31 日，根据本月物料消耗汇总表，结转费用。

（42）12 月 31 日，计提城市维护建设税及教育费附加。

（43）12 月 31 日，结转损益。

（44）12 月 31 日，计提并结转所得税。

（45）12 月 31 日，结转本月实现的利润。

（46）12 月 31 日，计提并结转盈余公积。

四、实训资料

（1）12 月 1 日，收到 LS 公司的床位预订费 5 000 元，进账单和收款收据见图 3-1-1、图 3-1-2。

中国工商银行进账单（收账通知） 3

2025 年 12 月 01 日

出票人	全称	广西 LS 公司	收款人	全称	广西启航酒店
	账号	200332288		账号	201810078
	开户银行	中国工商银行五云支行		开户银行	中国工商银行民主支行
金额	人民币（大写）	伍仟元整		千百十万千百十元角分	¥500000
票据种类	转账支票	票据张数	1		
票据号码					
	复核 记账			收款人开户银行盖章	

图 3-1-1 进账单

收款收据　　No0000234563

2025 年 12 月 01 日

今收到 广西LS公司

交来床位预订纲　　现金收讫

系付：广西QH酒店预付款

金额（大写）⊗ 佰 ⊗ 拾 ⊗ 万 伍 仟 零 佰 零 拾 零 元 零 角 零 分

¥：5 000.00　　（单位盖章）　　QH 财务专用章

存根（白）　记账（黄）

核准　　会计 刘云飞　　记账　　出纳 李林　　经手人

图 3-1-2　LS 公司的床位预订收据

（2）12 月 1 日，出纳李林从银行提取现金 4 000 元备用，转账支票存根见图 3-2。

中国工商银行
转账支票存根

2025120101

18120101

附加信息

出票日期 2025 年 12 月 01 日

收款人：	广西QH酒店
金　额：	4 000.00
用　途：	备用金

单位主管 赵明　　会计 何珍

图 3-2　转账支票存根

（3）12 月 1 日，购买办公用品 180 元，相关发票见图 3-3。

通发票 NO34200765

机器编码：

开票日期：2025年12月01日

购买方	名　　称：广西QH酒店 纳税人识别号：331122201410011 地址、电话：南宁市秀灵路888号 开户行及账号：	密码区	67/*+3*0/611*++0/+0*/*+3+2/9 *11*+66666**066611*+66666* 1**+216***6000*261*2*4/*547 203994+-42*64151*6915361/3*

货物或应税劳务、服务名称	规格型号	单位	数量	单价	金额	税率	税额
办公用品 （详见清单）		批	1	174.757 3	174.76	3%	5.24
合　计					¥ 174.76		¥ 5.24
价税合计（大写）	壹佰捌拾元整				（小写） ¥ 180.00		

销售方	名　　称：南宁LH文具店 纳税人识别号：33112225846751 地址、电话：南宁市中山路50号 0771-3895645 开户行及账号：中国工商银行朝阳支行 1234567765	备注	南宁市LH文具店 33112225846751 发票专用章

收款人：　　复核：　　开票人：叶玲　　销售方：章

第二联：发票联　购买方记账凭证

图 3-3　购买办公用品的发票

（4）12 月 2 日，以银行存款 20 000 元汇往广州开设采购专户，信汇凭证见图 3-4。

中国工商银行信汇凭证（回单）1

委托日期：2025　年12　月02　日

汇款人	全称	广西QH酒店	收款人	全称	广西QH酒店
	账号	450666201812028		账号	406662018120281
	汇出地点	广西　省南宁　市/县		汇入地点	广东　省　广州　市/县
汇出行名称			汇入行名称		
金额	人民币（大写）	贰万元整	亿千百十万千百十元角分		¥2000000
工行南宁民主支行 2025.12 转讫 汇出行签章			支付密码	******	
			附加信息及用途：		
			复核：	记账	

此联汇出行给汇款人的回单

图 3-4　汇往广州的信汇凭证

(5) 12 月 5 日，从 WD 供暖设备公司购入空调一台，价税款合计 29 750 元，款项未付，相关发票见图 3-5。

广西增值税专用发票　NO3678900123

开票日期：2025年12月05日

购买方	名　称：广西QH酒店 纳税人识别号：331122201410011 地址、电话：南宁市秀灵路888号 开户行及账号：工商银行南宁民主支行201810078			密码区	67/*+3*0/611*++0/+0*/*+3+2/9 *11*+66666**066611*+66666* 1**+216***6000*261*2*4/*547 203994+-42*64151*6915361/3*		
货物或应税劳务、服务名称	规格型号	单位	数量	单价	金额	税率	税额
空调		台	10	2 632.743 4	26 327.43	13%	3 422.57
合　计					¥ 26 327.43		¥ 3 422.57
价税合计（大写）	贰万玖仟柒佰伍拾元整				（小写）¥ 29 750.00		
销售方	名　称：广西南宁苏宁电器有限公司 纳税人识别号：331122201416507 地址、电话：南宁市万秀村100号 开户行及账号：工商银行南宁秀灵支行			备注			

收款人：　复核：　开票人：林红　销售方：章

第三联：发票联　购买方记账凭证

图 3-5　购买空调的发票

(6) 12 月 6 日，支付安装费 200 元，安装完毕交付使用，相关发票、现金支出凭单见图 3-6-1 和图 3-6-2。

广西增值税普通发票　NO42567891

机器编码：

开票日期：2025年12月06日

购买方	名　称：广西QH酒店 纳税人识别号：331122201410011 地址、电话：南宁市秀灵路888号 开户行及账号：中国工商银行民主支行 201810078			密码区	67/*+3*0/611*++0/+0*/*+3+2/9 *11*+66666**066611*+66666* 1**+216***6000*261*2*4/*547 203994+-42*64151*6915361/3*		
货物或应税劳务、服务名称	规格型号	单位	数量	单价	金额	税率	税额
安装费		次	1	194.174 7	194.17	3%	5.83
合　计					¥ 194.17		¥ 5.83
价税合计（大写）	贰佰元整				（小写）¥ 200.00		
销售方	名　称：广西WD设备有限公司 纳税人识别号：1234567801234 地址、电话：南宁市中华路50号 0771-3857679 开户行及账号：中国工商银行朝阳支行 1234567890			备注			

收款人：　复核：　开票人：叶玲　销售方：章

第二联：发票联　购买方记账凭证

图 3-6-1　支付安装费的发票

现金支出凭单

2025 年 12 月 06日

编号：001

部门	销售部	项目名称			
摘要及用途		安装费			
金额	人民币（大写）贰佰元整		¥ 200.00		
备注	现金付讫				
领导批示	赵华	财务主管	赵明	部门主管	

会计：　　出纳：李林　　领款人：刘明

图 3-6-2　安装费的现金支出凭单

空调的固定资产入库单见图 3-6-3。

固定资产入库单

2019 年 12 月 05 日

固定资产名称及编号	规格型号	单位	数量	预计使用年限	已使用年限	原始价值	已提折旧	评估价
空调		台	1	10		26 527. 43		
固定资产状况	全新							
何时购入		进入方式		入账价值			固定资产管理部门	会计主管
2019 年 12 月 5 日		购入		26 527. 43				赵明

图 3-6-3　空调的固定资产入库单

（7）12 月 6 日，行政部领用办公桌 2 张，每张 1 000 元，采用一次摊销法摊销，领用单见图 3-7。

低值易耗品领用单

领用部门：行政部　　2019 年 12 月 6 日　　领用单：20191206002

产品名称及用途						工程编号			
						数量			
材料名称	规格				单位	请领	实发	单价	总价
办公桌					张	2	2	1 000	2 000
发料部门	审核员	发料员	领用部门	主管	领料	备注		一次摊销法	
	杨建明	刘军		赵明	林玲				

图 3-7　办公桌领用单

（8）12 月 7 日，向长明公司购入 1 000 条毛巾，11.6 元/条，发票上注明价款合计为 11 600 元，毛巾已验收入库，开出转账支票，相关单据见图 3-8-1 至图 3-8-3。

广西增值税普通发票 NO34256001

机器编码：

开票日期：2025年12月07日

购买方	名　　称：广西QH酒店 纳税人识别号：331122201410011 地址、电话：南宁市秀灵路888号 开户行及账号：中国工商银行民主支行 201810078			密码区	67/*+3*0/611*++0/+0*/*+3+2/9 *11*+66666**066611*+66666* 1**+216***6000*261*2*4/*547 203994+-42*64151*6915361/3*		
货物或应税劳务、服务名称	规格型号	单位	数量	单价	金额	税率	税额
毛巾		条	1 000	11.262 1	11 262.10	3%	337.90
合　计					¥ 11 262.1		¥ 337.90
价税合计（大写）	壹万壹仟陆佰元整				（小写）¥ 11 600.00		
销售方	名　　称：广西CM有限公司 纳税人识别号：3310100531101234 地址、电话：南宁市中山路50号 0771-4566678 开户行及账号：中国工商银行朝阳支行 2540216541000			备注			

收款人：　　复核：　　开票人：叶玲　　销售方：章

第二联：发票联　购买方记账凭证

图 3-8-1　购买毛巾的发票

中国工商银行
转账支票存根

附加信息

出票日期 2025 年12 月7 日

收款人：CM 公司

金　额：11 600.00

用　途：货款

单位主管 赵明　　会计 何珍

图 3-8-2　长明公司转账支票存根

产品入库单

2019年 12月 07 日

产品编号	产品名称	计量单位	实收数量	单位成本	总成本	备注
40001	毛巾	条	1 000	11.60	11 600.00	

主管： 保管：刘军 交库：孙宁 会计：

图 3-8-3 毛巾入库单

(9) 12 月 7 日，向 AX 公司购入大米 30 袋，共计 3 000 元，以现金支付，相关单据见图 3-9-1 和图 3-9-2。

现金支出凭单

2025 年 12 月 07 日 编号：002

部门：	采购科	项目名称：	
摘要及用途：			
金额：¥3 000.00	人民币（大写）叁仟元整 现金付讫		
领导指示：	赵华	财务主管：赵明	部门主管：

会计： 出纳：李林 领款人：王宁

图 3-9-1 购买大米的现金支出凭单

通发票 N034256342

机器编码：

开票日期 2025年12月07日日

购买方	名 称：广西QH酒店 纳税人识别号：331122201410011 地址、电话：南宁市秀灵路888号 开户行及账号：			密码区	67/*+3*0/611*++0/+0*/*+3+2/9 *11*+66666**066611*+66666* 1**+216***6000*261*2*4/*547 203994+-42*64151*6915361/3*		
货物或应税劳务、服务名称	规格型号	单位	数量	单价	金额	税率	税额
大米		袋	30	97.087 4	2 912.62	3%	87.38
合 计					¥ 2 912.62		¥ 87.38
价税合计（大写）	叁仟元整				（小写） ¥ 3 000.00		
销售方	名 称：广西AX有限公司 纳税人识别号：331122201416589 地址、电话：南宁市中华路567号 0771-3857679 开户行及账号：中国工商银行朝阳支行 1234567890			备注			

国税函 (2014) 257 号浙江印刷厂

第二联：发票联 购买方记账凭证

收款人： 复核： 开票人：王波 销售方：章

图 3-9-2 购买大米的发票

（10）12 月 7 日，根据本周营业收入日报表，编制营业收入周报表（见图 3-10-1），确认本周收入，并将现金存入银行，相关单据见图 3-10-2 和图 3-10-3。

营业收入周报表

2019 年 12 月 7 日　　　　单位：元

营业收入					预收房金	备注
	单人房	标准房	套房	合计		
房金	21 000	63 000	42 000	126 000	上周结存 70 000	
加床					本周应收 133 000	
饮料	700	2 100	1 400	4 200	本周交付 105 000	
食品	1 050	1 400	350	2 800	其中：现金 25 000	
其他					信用卡签购单 80 000	
合计	22 750	66 500	43 750	133 000	本周结存　42 000	
出租客房间数：平均每日 40 间					长款：　　短款：	
空置客房间数：平均每日 10 间						

收款人：王林　　　　交款人：吕岭　　　　制表：杨云

图 3-10-1　营业收入周报表

中国工商银行　（现金存款凭条）

日期：　2025　年12　　月07　　日

存款人	全　称	广西 QH酒店		
	账　号	201810078	款项来源	客房收入
	开户行	中国工商银行民主支行	交款人	李林

金额（大写）　人民币壹万伍仟元整	金额（小写）	亿	千	百	十	万	千	百	十	元	角	分
					¥	1	5	0	0	0	0	0

票面	张数	十	万	千	百	十	元	票面	张数	千	百	十	元	角	分	备注
壹佰元	150							伍角								工行南宁民主支行 2025.12 转讫
伍拾元								贰角								
贰拾元								壹角								
拾元								伍分								
伍元								贰分								
贰元								壹分								
壹元								其他								

第二联　客户核对联

图 3-10-2　客户收入现金存款凭条

中国工商银行特约单位 POS 清单（往来户）

网点号：00888

特约单位编号：98789652222　特约单位名称：广西 QH 酒店

特约单位账户：201810078　2025 年 12 月 7 日　第 001 页

序号	卡号	交易代码	转账金额	手续费率	手续费	净收金额	交易检索号	POS 终端号
1	62281000×××	0988	2 000.00	2%	40.00	1 960.00	776 953	327666
2	略							
略								
笔数合计：6 笔转账金额合计：80 000.00　手续费金额合计：1 600.00　净收金额合计：78 400.00								

图 3-10-3　QH 酒店 POS 清单

（11）12 月 8 日，购进黄酒 100 箱，每箱 600 元，款项未付、先开发票，黄酒尚未入库，相关发票见图 3-11。

广[illegible]通发票　NO34250003

机器编码：

开票日期：2025年12月08日

购买方	名　　称：广西QH酒店 纳税人识别号：331122201410011 地址、电话：南宁市秀灵路888号 开户行及账号：中国工商银行民主支行 201810078			密码区	67/*+3*0/611*++0/+0*/*+3+2/9 *11*+66666**066611*+66666* 1**+216***6000*261*2*4/*547 203994+-42*64151*6915361/3*		
货物或应税劳务、服务名称	规格型号	单位	数量	单价	金额	税率	税额
黄酒		箱	100	582.524 3	58 252.43	3%	1 747.57
合　计					¥ 58 252.43		¥ 1 747.57
价税合计（大写）	陆万元整				（小写）　¥ 60 000.00		
销售方	名　　称：广西XR酒厂 纳税人识别号：12345678901234 地址、电话：南宁市五一路50号 0771-3345769 开户行及账号：中国工商银行五一支行 1234567878			备注			

收款人：　　复核：　　开票人：叶玲　　销售方：章

第二联：发票联　购买方记账凭证

图 3-11　购买黄酒的发票

（12）12 月 10 日，餐饮部收银台交来“销货日报表”和“收款日报表”，内容见图 3-12-1、图 3-12-2。

销货日报表

2025 年 12 月 10 日　　　　单位：元

项目	金额	减：金卡优惠	应收金额
菜肴	12 600	600	12 000
点心	2 100	100	2 000
饮料	3 000		3 000
其他	200		200
合计	17 900	700	17 200

审核：　　　　制表：李桃

图 3-12-1　销货日报表

收款日报表

2025 年 12 月 10 日　　　　单位：元

收款方式	应收金额	实收金额	溢缺款
现金	7 200	7 100	-100
信用卡	10 000	10 000	
合计	17 200	17 100	-100

审核：　　　　收款员：郑爽

图 3-12-2　收款日报表

（13）12 月 12 日，总务部人员出差预借差旅费 900 元，借款单见图 3-13。

借款单

2025 年 12 月 12 日

资金性质：差旅费

部门：	总务部	借款人：	胡月明
借款理由：	预借差旅费	现金付讫	
金额：	大写：玖佰元整	小写：￥900.00	
领导批示：	同意	财务主管：	赵明
部门主管：郑华	出纳：李林	领款人签收：胡月明	

图 3-13　借款单

（14）12 月 13 日，开出不带息商业承兑汇票一张（见图 3-14），抵付广西 NF 公司的货款22 400元。

商业承兑汇票

A B 00354729
0 1

出票日期（大写）贰零贰伍 年壹拾贰 月壹拾叁 日

付款人	全称	广西QH酒店	收款人	全称	广西南方公司
	账号	331122201410011		账号	33112226960133
	开户银行	中国工商银行民主支行		开户银行	中国工商银行紫金支行
出票金额	人民币（大写）	贰万贰仟肆佰元整		亿千百十万千百十元角分	¥2240000
汇票到期日（大写）		贰零贰陆年零肆月壹拾叁日	付款行	行号	45646546
交易合同号码		206-GF08		地址	南宁滨湖路30号
本汇票已经承兑，到期无条件支付票款 承兑日期：			本汇票请予以承兑于到期日汇款。 2025 年12 月13 日		

此联收款人开户行随托收凭证寄付款行作借方凭证附件

广西QH酒店 2025/12/13 财务专用章

图 3-14　开具 22 400 元商业承兑汇票

（15）12 月 14 日，采购员出差回来，报销差旅费 800 元，退回现金 100 元，相关单据见图 3-15-1 至图 3-15-6。

差旅费报销单

报销日期	2025年12月14日			预算科日		专项名称			预算项目			
部门	总务部			出美人	胡月明			出美亭由				
出发		到达		交通费			住宿费			其他费用		
日 期	地点	日 期	地点	交通工具	学据张数	金额	天数	单据张数	金额	项 目	单据	金额
22025.12.12	南宁		杭州	汽车		188	2		482	行李费		
2025.12.14	杭州		南宁							市内车费		40
										出租		
										手续费		
										出差补贴		45
										节约奖励		
合计										餐饮		45
报销总额	人民币(大写)		捌佰元整							预借款	900.00	
	人民币(小写)		800.00				补领不足			归还多余	100.00	

主管：　赵华　　审核：郑华　　报销人：胡月明　　部门：总务部

图 3-15-1　差旅费报销单

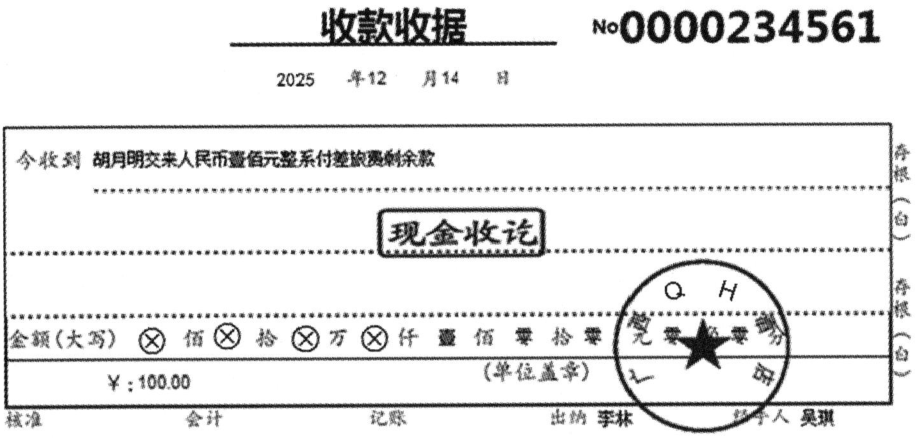

收款收据　No0000234561

2025 年 12 月 14 日

今收到 胡月明交来人民币壹佰元整系付差旅费剩余款

现金收讫

金额（大写） ⊗ 佰 ⊗ 拾 ⊗ 万 ⊗ 仟 壹 佰 零 拾 零 元 零 角 零 分

¥：100.00　（单位盖章）

核准　会计　记账　出纳 李林　经手人 吴琪

图 3-15-2　出差人员差旅费剩余款收据

检票：1号

南宁 站 → 杭州 站

2025 年 12 月 12 日 8:00 开 5 车 35 号

¥ 94.00 元　网折

限乘当日当次车

买票请到12306 发货请到95306中国铁路祝您旅途愉快

和谐号

检票：2号

杭州 站 → 南宁 站

2025 年 12 月 14 日 16:00 开 4 车 12 号

¥ 94.00 元　网折

限乘当日当次车

买票请到12306 发货请到95306中国铁路祝您旅途愉快

和谐号

图 3-15-3　出差高铁票（往返）

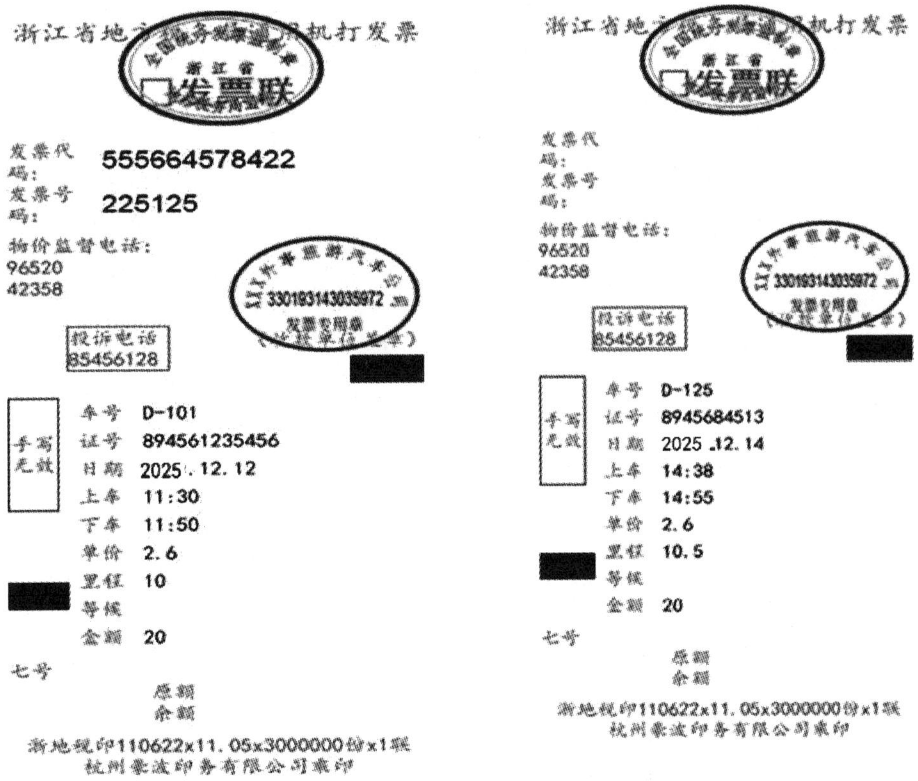

浙江省地方税务局通用机打发票

发票联

发票代码：555664578422

发票号码：225125

物价监督电话：96520 42358

330193143035972 发票专用章

投诉电话 85456128

[redacted]

手写无效

车号 D-101

证号 894561235456

日期 2025.12.12

上车 11:30

下车 11:50

单价 2.6

[redacted]

里程 10

等候

金额 20

七号

原额

余额

浙地税印110622x11.05x3000000份x1联

杭州豪波印务有限公司承印

浙江省地方税务局通用机打发票

发票联

发票代码：

发票号码：

物价监督电话：96520 42358

330193143035972 发票专用章

投诉电话 85456128

[redacted]

手写无效

车号 D-125

证号 8945684513

日期 2025.12.14

上车 14:38

下车 14:55

单价 2.6

里程 10.5

[redacted]

等候

金额 20

七号

原额

余额

浙地税印110622x11.05x3000000份x1联

杭州豪波印务有限公司承印

图 3-15-4　出差期间打出租车的发票

通发票 NO:42560008

机器编码：

开票日期：2025年12月14日

购买方	名　　称：广西QH酒店 纳税人识别号：331122201410011 地址、电话：南宁市秀灵路888号 开户行及账号：			密码区	67/*+3*0/611*++0/+0*/*+3+2/9 *11*+66666**066611*+66666* 1**+216***6000*261*2*4/*547 203994+-42*64151*6915361/3*		
货物或应税劳务、服务名称	规格型号	单位	数量	单价	金额	税率	税额
住宿费		间	1	467.96	467.96	3%	14.04
合　计					¥ 467.96		¥ 14.04
价税合计（大写）	肆佰捌拾贰元整				（小写）¥ 482.00		
销售方	名　　称：杭州HTY酒店 纳税人识别号：3311228976955959 地址、电话：杭州市中山路1000号 开户行及账号：中国工商银行中山路支行			备注	杭州HTY酒店 3311228976955959 发票专用章		

收款人：　　复核：　　开票人：李霞　　销售方：章

监制 (2014) 257号浙江印制厂

第二联：发票联 购买方记账凭证

图 3-15-5　出差期间的住宿费发票

通发票 NO44256009

机器编码：

开票日期：2025年12月14日

购买方	名　　称：广西QH酒店 纳税人识别号：331122201410011 地址、电话：南宁市秀灵路888号 开户行及账号：			密码区	67/*+3*0/611*++0/+0*/*+3+2/9 *11*+66666**066611*+66666* 1**+216***6000*261*2*4/*547 203994+-42*64151*6915361/3*		
货物或应税劳务、服务名称	规格型号	单位	数量	单价	金额	税率	税额
餐费		桌	1	43.6893	43.69	3%	1.31
合　计					¥ 43.69		¥ 1.31
价税合计（大写）	肆拾伍元整				（小写）¥ 45.00		
销售方	名　　称：杭州HTY酒店 纳税人识别号：3311228976955959 地址、电话：杭州市中山路1000号 开户行及账号：中国工商银行中山路支行			备注	杭州HTY酒店 3311228976955959 发票专用章		

收款人：　　复核：　　开票人：王丹　　销售方：章

监制 (2014) 257号浙江印制厂

第二联：发票联 购买方记账凭证

图 3-15-6　出差期间的餐费发票

（16）12 月 14 日，根据本周营业收入日报表，编制营业收入周报表，确认本周收入，并将现金存入银行，相关单据见图 3-16-1 至图 3-16-3。

营业收入周报表

2025 年 12 月 14 日　　　　单位：元

营业收入					预收房金	备注
类别	单人房	标准房	套房	合计		
房金	22 000	50 000	35 000	107 000	上周结存　42 000	
加床		1 000		1 000	本周应收　114 800	
饮料	600	2 300	1 500	4 400	本周交付　114 800	
食品	900	1 000	500	2 400	其中：现金 14 800	
其他					信用卡签购单 100 000	
合计	23 500	54 300	37 000	114 800	本周结存　42 000	
出租客房间数：平均每日 38 间					长款：　　短款：	
空置客房间数：平均每日 12 间						

收款人：王林　　　　交款人：吕岭　　　　制表：杨云

图 3-16-1　营业收入周报表

中国工商银行（现金存款凭条）

日期：2025年12月14日

存款人	全　称	广西QH酒店		
	账　号	201810078	款项来源	客房收入
	开 户 行	中国工商银行民主支行	交款人	李林

金额(大写) **壹万肆仟捌佰元整**	金额(小写)	亿	千	百	十	万	千	百	十	元	角	分
					¥	1		8	0	0	0	0

票面	张数	十	万	千	百	十	元	票面	张数	千	百	十	元	角	分	备注
壹佰元	100							伍角								工行南宁民主支行 2025. 12 转讫
伍拾元								贰角								
贰拾元								壹角								
拾元								伍分								
伍元								贰分								
贰元								壹分								
壹元								其他								

第二联客户核对联

图 3-16-2　客房收入存款凭条

中国工商银行特约单位 POS 清单（往来户）

网点号：00888

特约单位编号：98789652222　　特约单位名称：广西 QH 酒店

特约单位账户：201810078　　　2025 年 12 月 14 日　　　　第 002 页

序号	卡号	交易代码	转账金额	手续费率	手续费	净收金额	交易检索	POS 终端号
1	62281000273XXX	0988	3 000.00	2%	60.00	2 940.00	77685334	327666
2	略							
3								
略								
笔数合计：6 笔　转账金额合计：100 000.00　手续费金额合计：2 000.00　净收金额合计：98 000.00								

工行南宁民主支行 2025.12 转讫

图 3-16-3　QH 酒店 POS 清单

（17）12 月 16 日，提现 80 000 元，备发工资，相关单据见图 3-17。

中国工商银行
转账支票存根

附加信息

出票日期　2025　年 12　月 15　日

收款人：广西QH酒店

金　额：¥80 000.00

用　途：备发工资

单位主管　赵明　　会计　何珍

图 3-17　提现 80 000 元的存根

（18）12 月 17 日，发放上月工资 80 000 元（见图 3-18-1），并为员工垫支房租水费 1 300 元，相关单据见图 3-18-2。

职工工资结算汇总表

2025 年 11 月 30 日　　　　单位：元

部门名字	基本工资	各类补贴及奖金	应付工资	代扣房租水电费	实发工资	领款人
客房部	30 000	21 300	51 300	1 300	50 000	邓军
管理部门	20 000	10 000	30 000		30 000	刘丽
总计	50 000	31 300	81 300	1 300	80 000	

单位主管：　　　　审核：赵明　　　　制表：何珍

图 3-18-1　职工工资结单汇总

现金支出凭单

2025 年 12 月 17 日　　　　编号：003

部门		项目名称	
摘要及用途		发放工资	
金额	人民币（大写）捌万元整　￥80 000.00		现金付讫
备注			
领导批示	郑华	财务主管　赵明	部门主管

会计：　　　　出纳：李林　　　　领款人：王宁

图 3-18-2　现金支出凭单

（19）12 月 20 日，确认一笔坏账 26 000 元，见图 3-19。

坏账处理报告单

2025 年 12 月 20 日

单位名称	金额	原因
南宁 EY 公司	￥26 000	该公司已办理破产清算，无法收回
单位领导意见： 同意　　郑华	注册会计师认定： 已核实，属无法收回坏账 （中国注册会计师 黄芳 1234567890） 2025 年 12 月 20 日	董事会意见： 同意 2025 年 12 月 20 日

图 3-19　坏账处理报告单

（20）12 月 21 日，根据本周营业收入日报表，编制营业收入周报表，确认本周收入，并将现金存入银行，见图 3-20-1 至图 3-20-3。

营业收入周报表

2025 年 12 月 21 日　　单位：元

营业收入					预收房金	备注
类别	单人房	标准房	套房	合计		
房金	18 000	41 000	30 000	89 000	上周结存 97 200	
加床	500			500	本周应收 93 500	
饮料	400	1 500	800	2 700	本周交付 93 500	
食品	600	200	500	1 300	其中：现金 13 500	
其他					信用卡签购单 80 000	
合计	19 500	42 700	31 300	93 500	本周结存　97 200	
出租客房间数：平均每日 35 间					长款：　短款：	
空置客房间数：平均每日 15 间						

收款人：王林　　交款人：　　吕岭　　制表：杨云

图 3-20-1　营业收入周报表

中国工商银行　（现金存款凭条）

日期：2025 年 12 月 21 日

存款人	全　称	广西QH酒店		
	账　号	201810078	款项来源	客房收入
	开户行	中国工商银行民主支行	交款人	李林
金额（大写）　壹万叁仟伍佰元整			金额（小写）	亿 千 百 十 万 千 百 十 元 角 分 　　　 ¥ 1 3 5 0 0 0 0

票面	张数	十	万	千	百	十	元	票面	张数	千	百	十	元	角	分	备注
壹佰元	100							伍角								工行南宁民主支行 2025.12 转讫
伍拾元								贰角								
贰拾元								壹角								
拾元								伍分								
伍元								贰分								
贰元								壹分								
壹元								其他								

第二联　客户核对联

图 3-20-2　客房收入存款凭条

中国工商银行特约单位 POS 清单（往来户）

网点号：00888

特约单位编号：98789652222　特约单位名称：广西 QH 酒店

特约单位账户：201810078　2025 年 12 月 14 日　第 002 页

序号	卡号	交易代码	转账金额	手续费率	手续费	净收金额	交易检索号	POS 终端号
1	62281000273XXX	0988	4 000.00	2%	80.00	3 920.00	77685334	327666
2	略							
略								
笔数合计：6 笔　转账金额合计：80 000.00　手续费金额合计：1 600.00　净收金额合计：78 400.00								

工行南宁民主支行 2025.12 转讫

图 3-20-3　QH 酒店 POS 清单

（21）12 月 24 日，收到本月购买的佳佳食品厂送来的凉茶 50 箱、牛奶 50 箱、矿泉水 50 箱，验收无误签收、入库，入库单见图 3-21。

产品入库单

2025 年 12 月 24 日

产品编号	产品名称	计量单位	实收数量	单位成本	总成本	备注
40002	凉茶	箱	50		3 500	
40003	牛奶	箱	50		3 500	
40004	矿泉水	箱	50		1 000	

主管：　保管：　交库：刘军　会计：

图 3-21　凉茶、牛奶、矿泉水的入库单

（22）12 月 26 日，购进猪肉取得普通发票，重量 100 克，单价 35.1 元，金额 3 510 元，以现金支付，由厨房直接领取，相关单据见图 3-22-1 至图 3-22-3。

增值税普通发票　NO45678547

机器编码：

开票日期：2025 年12月26日

购买方	名称：广西QH酒店 纳税人识别号：331122201410011 地址、电话：南宁市秀灵路888号 开户行及账号：中国工商银行民主支行201810078			密码区	67/*+3*0/611*++0/+0*/*+3+2/9 *11*+66666**066611*+66666* 1**+216***6000*261*2*4/*547 203994+-42*64151*691536 1/3*		
货物或应税劳务、服务名称	规格型号	单位	数量	单价	金额	税率	税额
猪肉		千克	100	34.077 7	3 407.77	3%	102.23
合计					￥ 3 407.77		￥ 102.23
价税合计（大写）	叁仟伍佰壹拾元整				（小写）￥ 3 510.00		
销售方	名称：广西 FX食品有限公司 纳税人识别号：33112224532141 地址、电话：南宁市解放路23号0771-5465627 开户行及账号：中国工商银行五里亭支行 622123565465420			备注	广西FX食品有限公司 33112224532141 发票专用章		

收款人：　复核：　开票人：刘飞　销售方：章

第二联：发票联　购买方记账凭证

图 3-22-1　购买猪肉的发票

现金支出凭单

2025 年 12 月 26 日　　　　编号：004

部门	餐饮部	项目名称			
摘要及用途		购买猪肉款			
金额	人民币（大写）叁仟伍佰壹拾元整　¥3 510.00				
备注	现金付讫				
领导批示	赵华	财务主管	赵明	部门主管	

会计：　　　　出纳：李林　　　　领款人：卢宗

图 3-22-2　购买猪肉款支出凭单

入库单

2025 年 12 月 26 日　　　　凭证编号：004　　　　供货单位：广西 FX 公司

材料编号	材料名称	规格	单位	数量		单价/元	金额/元
010	猪肉		千克	应收	实收	35.10	3 510
				100	100		
合计				100	100		3 510

主管：　　　　记账：　　　　仓库保管：　　　　经办人：朱文

图 3-22-3　猪肉入库单

（23）12 月 27 日，从广西 HQ 有限公司购入 10 000 包一次性沐浴露，10 000 包洗发露，发票上注明价税款共计 23 200 元，商品已验收入库，签发 3 个月的商业承兑汇票一张，相关单据见图 3-23-1 至图 3-23-3。

广[illegible]通发票 NO42568047

机器编码：

开票日期：2025年12月27日

购买方	名　　称：广西QH酒店 纳税人识别号：331122201410011 地址、电话：南宁市秀灵路888号 开户行及账号：中国工商银行民主支行 201810078	密码区	67/*+3*0/611*++0/+0*/*+3+2/9 *11*+66666**066611*+66666* 1**+216***6000*261*2*4/*547 203994+-42*64151*6915361/3*

货物或应税劳务、服务名称	规格型号	单位	数量	单价	金额	税率	税额
沐浴露		包	10 000	1.126 214	11 262.14	3%	337.86
洗发露		包	10 000	1.126 214	11 262.14	3%	337.86
合　计					¥ 22 524.28		¥ 675.72
价税合计（大写）					（小写）　¥ 23 200.00		

销售方	名　　称：广西HQ有限公司 纳税人识别号：331145682653355 地址、电话：南宁市五一路50号 0771-3345769 开户行及账号：中国工商银行五一支行 1234567878	备注	广西HQ有限公司 331145682653355 发票专用章

收款人：　　　　复核：　　　　开票人：叶玲　　　　销售方：（章）

国税函（2014）257 号新江印制厂

第二联：发票联　购买方记账凭证

图 3-23-1　购买一次性沐浴和洗发露的发票

商业承兑汇票

2　AB 01　00354729

出票日期（大写）贰零贰伍 年 壹拾贰 月 贰拾柒 日

付款人	全称	广西HQ有限公司	收款人	全称	广西QH酒店
	账号	234648764		账号	201810078
	开户银行	中国工商银行八一路支行		开户银行	中国工商银行民主支行
出票金额	人民币（大写）	贰万叁仟贰佰元整	亿千百十万千百十元角分	¥2 3 2 0 0 0 0	
汇票到期日（大写）	贰零贰陆年叁月贰拾柒日		付款行	行号	456543
交易合同号码	105-HJ123			地址	广西南宁市八一路655号
本汇票已经承兑，到期无条件支付票款 承兑人签章： 承兑日期：年 月 日			本汇票请予以承兑于到期日汇款 广西HQ有限公司 财务专用章 出票人签章：		

此联收款人开户行随托收凭证寄付款行作借方凭证附件

图 3-23-2　签发商业承兑汇票

入库单　　N0000123

送货厂商：

物料类别：☑ 原材料　☐ 成品　☐ 其他　　2025 年 12 月 27 日

品名/牌号	订单号	规格	数量	单位	单价	金额
洗浴露			10 000	包	1.16	11 600.00
洗发露			10 000	包	1.16	11 600.00

第二联交财务部

主管：刘军　　品管：邓军　　仓库：李力　　送货人：

图 3-23-3　洗浴露和洗发露入库单

（24）12 月 28 日，开出转账支票一张，支付宣传费 3 000 元，见图 3-24。

中国工商银行
转账支票存根
2025121227
41020104

附加信息

出票日期 2025 年12 月28 日

收款人：	创意广告公司
金　额：	¥3 000.00
用　途：	支付宣传费

单位主管 赵明　会计 何珍

图 3-24　宣传费转账支票存根

（25）12 月 28 日，住客损坏烟灰缸一个，赔偿 80 元，收款收据见图 3-25。

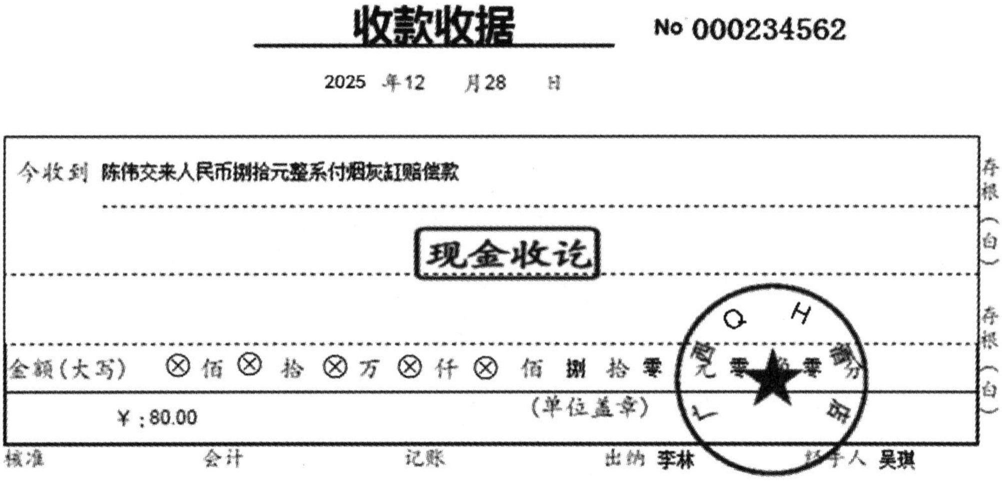
收款收据　No 000234562

2025 年12 月28 日

今收到 陈伟交来人民币捌拾元整系付烟灰缸赔偿款

现金收讫

金额（大写）⊗ 佰 ⊗ 拾 ⊗ 万 ⊗ 仟 ⊗ 佰 捌 拾 零 元 零 角 零 分

¥：80.00　（单位盖章）

核准　会计　记账　出纳 李林　经手人 吴琪

存根（白）

图 3-25　烟灰缸赔偿款收据

（26）12 月 28 日，向银行借入 6 个月贷款 300 000 元，存入银行，相关单据见图 3-26-1、图 3-26-2。

中国工商银行进账单（收账通知）　　3

2025 年 12 月 28 日

出票人	全称	广西QH酒店	收款人	全称	广西QH酒店
	账号	201812224		账号	201810078
	开户银行	中国工商银行云景支行		开户银行	中国工商银行民主支行
金额	人民币（大写）	叁拾万元整		千百十万千百十元角分	¥30000000
票据种类	转账支票	票据张数	1		
票据号码					
	复核	记账		工行南宁民主支行 2025.12 转讫 收款人开户银行盖章	

此联是收款人开户银行交给收款人的收账通知

图 3-26-1　30 万元银行进账单

中国工商银行　**借款借据**　（收账通知）

No0001234

科目		2025 年 12 月 28 日	银行编号：	66665 字 2020 号	
借款人	广西QH酒店	利率（%）	6%	放款账号	2018110102
				结算账号	2018110102
借款金额（大写）	叁拾万元整			万千百十万千百十元角分	¥30000000
用途	生产周转			约定偿还日期	2026 年 6 月 28 日

上列借款已核准发放，并已转入帐户。

此致

单位

银行签章　工行南宁民主支行 2025.12 转讫

2025 年 12 月 28 日

此联由银行盖章后退回借款单位收执

图 3-26-2　30 万元借款借据

（27）12 月 30 日，办公室报业务宣传费 480 元，以现金付讫，相关单据见图 3-27-1、图 3-27-2。

现金支出凭单

2025 年 12 月 30 日　　编号：005

部门	销售部	项目名称			
摘要及用途		业务宣传费			
金额	人民币（大写）肆佰捌拾元整　¥ 480.00				
备注	现金付讫				
领导批示	赵华	财务主管	赵明	部门主管	

会计：　出纳：李林　领款人：刘明

图 3-27-1　宣传费支出凭单

…通发票 N042569003

机器编码：

开票日期：2025年12月30日

购买方	名　　称：广西QH酒店 纳税人识别号：331122201410011 地址、电话：南宁市秀灵路888号 开户行及账号：			密码区	67/*+3*0/611*++0/+0*/*+3+2/9 *11*+66666**066611*+66666* 1**+216***6000*261*2*4/*547 203994+-42*64151*6915361/3*		
货物或应税劳务、服务名称	规格型号	单位	数量	单价	金额	税率	税额
宣传费		项	1	466.0194	466.02	3%	13.98
合　计					¥ 466.02		¥ 13.98
价税合计（大写）	肆佰捌拾元整				（小写）¥ 480.00		
销售方	名　　称：广西YF创意有限公司 纳税人识别号：331122201418907 地址、电话：南宁市解放路767号 0771-4576792 开户行及账号：中国工商银行解放路支行 1234567899			备注	331122201418907		

收款人：　　复核：　　开票人：叶玲　　销售方：章

第二联：发票联　购买方记账凭证

图 3-27-2　宣传费发票

（28）12 月 31 日，收到银行存款利息 200 元，直接划入公司存款账户，通知单见图 3-28。

中国工商银行

存款利息通知单（收账通知）

记账日期：2025年12月31日　　检索号：

付款人户名：　　付款人账号：

收款人户名：广西QH酒店　　收款人账号：201810078

金额：人民币（大写）贰佰元整　　¥200.00

起息日期：2025.12.01　　止息日期：2025.12.31　　息余积数：　　利率：0.13%

利息：200　　调整利息：0.00　　冲正利息：0.00　　计息账户账号：201810078

金融自助卡号：　　打印时间：2025年12月31日

银行验证码：　　打印方式：　　已打印次数

地区号：　　网点号：　　柜员号：　　授权柜员号

工行南宁民主支行　2025.12　转讫

图 3-28　存款利息通知单

（29）12 月 31 日，收到广西 HL 旅行社违约赔偿金 10 000 元，款项已存入银行，进账单见图 3-29。

中国工商银行进账单（收账通知） 3

2025 年12 月31 日

出票人	全　称	广西 HL 旅行社	收款人	全　称	广西QH酒店
	账　号	233121100		账　号	201810078
	开户银行	中国工商银行紫金支行		开户银行	中国工商银行民主支行
金额	人民币（大写）	壹万元整	千百十万千百十元角分		¥1000000
票据种类	转账支票	票据张数	壹张		
票据号码					
	复核	记账		收款人开户银行盖章	工行南宁民主支行 2025.12 转讫

此联是收款人开户银行交给收款人的收账通知

图 3-29　违约赔偿金进账单

（30）12 月 31 日，通过红十字会向希望工程捐款 9 000 元，用转账支票支付，见图 3-30。

中国工商银行
转账支票存根
2025101005
41020105

附加信息

出票日期 2025 年12 月31 日

收款人：	希望工程
金　额：	¥9 000.00
用　途：	捐款

单位主管 赵明　　会计 何珍

图 3-30　用于捐款的转账支票存根

（31）12 月 31 日，用银行存款支付本月水费 8 000 元，相关单据见图 3-31-1、图 3-31-2。

中国工商银行
转账支票存根

2025101005

41020105

附加信息

出票日期 2025 年12 月31 日

收款人：	广西自来水有限公司
金　额：	￥8 000.00
用　途：	支付水费

单位主管 赵明　　会计 何珍

图 3-31-1　支付水费的转账支票存根

广西增值税专用发票　NO 3678900678

开票日期：2025年12月31日

购买方	名　称：广西QH酒店 纳税人识别号：331122201410011 地址、电话：南宁市秀灵路888号 开户行及账号：工商银行南宁民主支行201810078	密码区	67/*+3*0/611*++0/+0*/*+3+2/9 *11*+66666**066611*+66666* 1**+216***6000*261*2*4/*547 203994+-42*64151*6915361/3*

货物或应税劳务、服务名称	规格型号	单位	数量	单价	金额	税率	税额
自来水		吨	4000	1.834 9	7 339.45	9%	660.55
合　计					￥7 339.45		￥660.55
价税合计（大写）	捌仟元整				（小写） ￥8 000.00		

销售方	名　称：广西自来水有限公司 纳税人识别号：3311221234971 地址、电话：南宁市金浦路110号 开户行及账号：工商银行南宁埌东支行	备注	

收款人：　　复核：　　开票人：林欣　　销售方：（章）

国税函（2014）257号浙江印刷厂

第三联：发票联　购买方记账凭证

图 3-31-2　支付水费的发票

（32）12 月 31 日，计提本月职工工资 81 300 元（见图 3-32），其中，服务人员工资 51 300 元，管理人员工资 30 000 元。

职工工资结算汇总

2025 年 12 月 31 日

部门及人员	金额（元）
服务人员	51 300
管理人员	30 000
合计	81 300

审核：赵明　　制表：何珍

图 3-32　职工工资结算汇总

（33）12 月 31 日，发放员工困难补助 3 400 元，以现金付讫，补贴申请书见图 3-33-1，现金支出凭单见图 3-33-2。

补贴申请书

2025 年 12 月 31 日

补助项目	金额（元）	财务主管意见：同意	赵明
困难补助	3 400. 00		
		单位主管意见：同意	赵华
金额合计（大写）叁仟肆佰元整　¥ 3 400. 00			

审核：赵明　　制表：何珍

图 3-33-1　补贴申请书

现金支出凭单

2025 年 12 月 30 日　　编号：006

部门	客房部	项目名称			
摘要及用途		困难补助			
金额	人民币（大写）叁仟肆佰元整　¥ 3 400.00　现金付讫				
备注					
领导批示	赵华	财务主管	赵明	部门主管	

会计：　　出纳：李林　　领款人：于方方

图 3-33-2　用于困难补助的现金支出凭单

（34）12 月 31 日，计提固定资产折旧 800 元，见图 3-34。

固定资产折旧计算表

2025 年 12 月 31 日

使用部门	资产项目	上月折旧额	本月折旧额	分配费用
管理部门	房屋建筑物	800	800	管理费用
合计		800	800	

审核：赵明　　　　制表：何珍

图 3-34　固定资产折旧计算表

（35）12 月 31 日，用现金支付客房消毒费 2 000 元，见图 3-35-1、图 3-35-2。

[illegible]通发票 NO42569007

机器编码：

开票日期：2025年12月31日

购买方	名　称：广西QH酒店 纳税人识别号：331122201410011 地址、电话：广西南宁市秀灵路888号 0771-3211086 开户行及账号：中国工商银行民主支行 210810078			密码区	67/*+3*0/811*++0/+0*/*+3+2/9 *11*+66606**066611*+66666* 1**+216***6000*261*2*4/*547 203094+-42*64151*6915361/3*		
货物或应税劳务、服务名称	规格型号	单位	数量	单价	金额	税率	税额
消毒费		次	1	1 941.7476	1 941.75	3%	58.25
合　计					￥1 941.75		￥58.25
价税合计（大写）	贰仟元整				（小写）￥2 000.00		
销售方	名　称：广西BJ有限公司 纳税人识别号：331122201418987 地址、电话：南宁市五一路77号 0771-4576798 开户行及账号：中国工商银行五一路支行 1234567802			备注	331122201418987		

收款人：　　复核：　　开票人：叶玲　　销售方：章

第二联：发票联　购买方记账凭证

图 3-35-1　支付消毒费的发票

现金支出凭单

2025 年 12 月 31 日　　　　编号：007

部门	客房部	项目名称			
摘要及用途		客房消毒费			
金额		人民币（大写）贰仟元整　￥2 000.00			
备注					
领导批示	赵华	财务主管	赵明	部门主管	

会计：　　出纳：李林　　领款人：于方方

现金付讫

图 3-35-2　用于支付消毒的现金支出凭单

（36）12 月 31 日，支付本月管理部门电信增值服务费 680 元，见图 3-36-1、图 3-36-2。

通发票 N042567115

机器编码：

开票日期：2025年12月31日

购买方	名　　称：广西QH酒店 纳税人识别号：331122201410011 地址、电话：南宁市秀灵路888号 开户行及账号：中国工商银行民主支行 210810078	密码区	67/*+3*0/611*++0/+0*/*+3+2/9 *11*+66666**066611*+66666* 1**+216***6000*261*2*4/*547 203994+-42*64151*6915361/3*

货物或应税劳务、服务名称	规格型号	单位	数量	单价	金额	税率	税额
电信服务费		项	1		641.51	6%	38.49
合　计					¥ 641.51		¥ 38.49
价税合计（大写）	陆佰捌拾元整				（小写） ¥ 680.00		

销售方	名　　称：广西电信有限公司 纳税人识别号：12345678901298 地址、电话：南宁市中山路580号 0771-3897469 开户行及账号：中国工商银行朝阳支行 1234567765	备注	12345678901298 发票专用章

收款人：　　复核：　　开票人：刘明　　销售方：章

（2014）257 号

第二联：发票联　购买方记账凭证

图 3-36-1　支付电信服务费的发票

现金支出凭单

2025 年 12 月 31 日　　　　编号：008

部门	行政部	项目名称			
摘要及用途		电话费			
金额	人民币（大写）陆佰捌拾元整		¥680.00 现金付讫		
备注					
领导批示	赵华	财务主管	赵明	部门主管	

会计：　　出纳：李林　　领款人：刘丽

图 3-36-2　用于支付电话费的现金支出凭单

（37）12 月 31 日，租入一套办公用房，租赁期为 5 年，租入后进行装修的费用为 30 000 元，以银行存款支付，见图 3-37-1、图 3-37-2。

中国工商银行
转账支票存根

2025101006
41020106

附加信息

出票日期 2025 年12 月31 日

收款人：	WJ装饰公司
金　额：	¥30 000.00
用　途：	支付装修费

单位主管 赵明　　会计 何珍

图 3-37-1　支付装修费的转账支票存根

增值税普通发票 N042567111

机器编码：

开票日期 2025年12月31日

购买方	名　称：广西QH酒店 纳税人识别号：331122201410011 地址、电话：南宁市秀灵路888号 开户行及账号：中国工商银行民主支行			密码区	67/*+3*0/611*++0/+0*/*+3+2/9 *11*+66666**066611*+66666* 1**+216***6000*261*2*4/*547 203994+-42*64151*6915361/3*		
货物或应税劳务、服务名称	规格型号	单位	数量	单价	金额	税率	税额
装修费		项	1	29 126.2136	29 126.21	3%	873.79
合　计					¥ 29 126.21		¥ 873.79
价税合计（大写）	叁万元整				（小写）¥ 30 000.00		
销售方	名　称：广西CXCY有限公司 纳税人识别号：33112225846751 地址、电话：南宁市中山路580号 0771-3897469 开户行及账号：中国工商银行朝阳支行 1234567765			备注	广西CXCY有限公司 33112225846751 发票专用章		

收款人：　　复核：　　开票人：刘明　　销售方：章

第二联：发票联 购买方记账凭证

图 3-37-2　用于装修的发票

（38）12 月 31 日，收到广西 DH 公司投入的资本金 60 000 元，款项收讫存入银行，见图 3-38。

中国工商银行进账单（收账通知） 3

2025 年 12 月 31 日

出票人	全称	广西DH公司	收款人	全称	广西QH酒店
	账号	200332213		账号	201810078
	开户银行	中国工商银行五云支行		开户银行	中国工商银行民主支行
金额	人民币（大写）	陆万元整		千百十万千百十元角分	¥6000000
票据种类	转账支票	票据张数	1		工行南宁民主支行 2025.12 转讫
票据号码					
		复核	记账		收款人开户银行盖章

此联是收款人开户银行交给收款人的收账通知

图 3-38　6 万元资本金的银行进账单

（39）销售白酒 50 箱，其中现金 3 000 元，信用卡 12 000 元，手续费 2%，成本 10 000元（暂不考虑消费税）。相关单据见图 3-39-1 至图 3-39-4。

[illegible]通发票 NO42567231

机器编码：

开票日期：2025年12月31日

购买方	名称：广西WL公司 纳税人识别号：33116403646346 地址、电话：南宁市五一东路 8897907 开户行及账号：工商银行南宁五一支行			密码区	67/*+3*0/611*++0/+0*/*+3+2/9 *11*+66666**066611*+66666* 1**+216***6000*261*2*4/*547 203994+-42*64151*6915361/3*		
货物或应税劳务、服务名称	规格型号	单位	数量	单价	金额	税率	税额
白酒		箱	50	265.486 7	13 274.34	13%	1 725.66
合计					¥13 274.34		¥1 725.66
价税合计（大写）	壹万伍仟元整				（小写） ¥ 15 000.00		
销售方	名称：广西QH酒店 纳税人识别号：331122201410011 地址、电话：南宁市秀灵路888号 开户行及账号：中国工商银行民主支行 201810078			备注	广西QH酒店 331122201410011 发票专用章		

收款人：　　复核：　　开票人：于毅　　销售方：章

第一联：记账联　销售方记账凭证

国税函（2014）257 号浙江印钞厂

图 3-39-1　开具销售 50 箱白酒的发票

项目三　酒店企业会计模拟实训

收款收据　No0000234564

2025 年 12 月 31 日

今收到 广西WL公司

支付白酒款

现金收讫

金额(大写) ⊗佰 ⊗拾 ⊗万 叁仟 零佰 零拾 零元 零角 零分

¥：3 000.00　　（单位盖章）

核准　会计　记账　出纳 李林　经手人 吴琪

存根(白)

图 3-39-2　300 元现金的收据

中国工商银行特约单位 POS 清单（往来户）

网点号：00888

特约单位编号：98789653333　特约单位名称：广西 QH 酒店

特约单位账户：201811343　2025 年 12 月 31 日　第 001 页

序号	卡号	交易代码	转账金额	手续费率	手续费	净收金额	交易检索号	POS 终端号
1	622810009	096	12 000.00	2%	240.00	11 760.00	77685	327666
2	略							
略								
笔数合计：1 笔 转账金额合计：12 000.00 手续费金额合计：240.00 净收金额合计：¥11 760.00								

工行南宁民主支行 2025.12 转讫

图 3-39-3　信用卡收到的 12 000 元 POS 清单

销售产品成本计算表

2019 年 12 月 31 日

产品名称	型号规格	计量单位	数量	单位成本	总成本
白酒		箱	50	200	10 000.00
合计					10 000.00

图 3-39-4　销售白酒的成本计算表

（40）12 月 31 日，根据本周营业收入日报表，编制营业收入周报表，确认本周收入，并将现金存入银行，相关单据见图 3-40-1 至图 3-40-3。

营业收入周报表

2019 年 12 月 31 日　　　　单位：元

	营业收入				预收房金	备注
	单人房	标准房	套房	合计		
房金	32 000	80 000	45 000	157 000	上周结存　83 700	
加床	200	1 300	1 100	2 600	本周应收　166 500	
饮料	800	2 000	1 000	3 800	本周交付　166 500	
食品	1 300	600	1 200	3 100	其中：现金 66 500	
其他					信用卡签购单 100 000	
合计	34 300	83 900	48 300	166 500	本周结存　83 700	
出租客房间数：平均每日 41 间					长款：　短款：	
空置客房间数：平均每日 9 间						

收款人：王林　　　　交款人：吕岭　　　　制表：杨云

图 3-40-1　营业收入周报表

中国工商银行（现金存款凭条）

日期：2025 年 12 月 31 日

存款人	全称	广西QH酒店		
	账号	201810178	款项来源	客房收入
	开户行	中国工商银行民主支行	交款人	李林
金额（大写）人民币陆万陆仟伍佰元整			金额（小写）	亿 千 百 十 万 千 百 十 元 角 分 ¥ 6 6 5 0 0 0 0

票面	张数	十	万	千	百	十	元	票面	张数	千	百	十	元	角	分	备注
壹佰元	650							伍角								工行南宁民主支行 2025.12 转讫
伍拾元								贰角								
贰拾元								壹角								
拾元								伍分								
伍元								贰分								
贰元								壹分								
壹元								其他								

第二联 客户核对联

图 3-40-2　客房收入存款凭条

中国工商银行特约单位 POS 清单（往来户）

网点号：00888

特约单位编号：98789653333　　特约单位名称：广西 QH 酒店

特约单位账户：201811354　　2025 年 12 月 31 日　　第 003 页

序号	卡号	交易代码	转账金额	手续费率	手续费	净收金额	交易检索号	POS 终端号
1	62281000273376	0988	5 000.00	2%	100.00	4 900.00	7768533	327666
2	略							
略								
笔数合计：6 笔　转账金额合计：100 000.00　手续费金额合计：2 000.00　净收金额合计：98 000.00								

工行南宁民主支行 2025.12.31 转讫

图 3-40-3　QH 酒店 POS 清单

（41）12 月 31 日，根据本月物料消耗汇总表，结转费用，编制客房部物料用品领用表（见表 3-3）。

表 3-3　客房部物料用品领用表

品名	数量	单价（元）	金额（元）
牙具	800	2	1 600
梳子	817	2	1 634
洗发液	847	1	847
润肤露	836	1	836
香皂	692	2	1 384
浴帽	622	2	1 244
袋茶	534	2	1 068
针线包	426	1	426
火柴	650	2	1 300
杯盖	556	1	556
抽纸	1 347	2	2 694
擦鞋纸	417	1	417
拖鞋	455	3	1 365
小垃圾袋	930	3	2 790
礼品袋	245	5	1 225
便签笔	360	5	1 800
铁观音	998	2	1 996
信纸	587	2	1 174
便笺纸	593	2	1 186
护理套	523	10	5 230
矿泉水	1 173	2	2 346
毛巾	976	10	9 760
压缩毛巾	1 031	8	8 248
剃须刀	1 170	10	11 700
牛奶	1 400	6	8 400
凉茶	999	6	5 994
薯片	978	5	4 890
合计			82 110

（42）12 月 31 日计提城市维护建设税及教育费附加，见表 3-4-1、图 3-4-2。

表 3-4-1　应交增值税计算表

2025 年 12 月 31 日

业务编号	销项税额	进项税额	进项税额转出
合计			
应纳税额			

表 3-4-2　应交城市维护建设税、应交教育费附加计算表

2025 年 12 月 31 日

项目	计税基数	税率	金额
应交城市维护建设税	增值税		
应交教育费附加			
合计			

（43）12 月 31 日，结转损益。

（44）12 月 31 日，计提并结转所得税。

（45）12 月 31 日，结转本月实现的利润。

（46）12 月 31 日，计提并结转本月盈余公积。

主要参考文献

中国注册会计师协会，2019. 会计［M］. 北京：中国财政经济出版社

中国注册会计师协会，2019. 税法［M］. 北京：中国财政经济出版社.

盖地，2019. 税务会计与税务筹划［M］. 北京：中国人民大学出版社.

蒋晓凤，2017. 行业会计比较［M］. 北京：人民邮电出版社.

杨成，2015. 行业会计模拟实训［M］. 北京：科学出版社.

代义国，2016. 餐饮酒店会计与纳税技巧［M］. 北京：机械工业出版社.

樊剑英，2019. 房地产开发企业税收与会计实务大全［M］. 北京：中国市场出版社.

吴琦，2019. 企业会计模拟实验教程［M］. 北京：中国人民大学出版社.

洑建红，2019. 行业会计比较［M］. 北京：人民邮电出版社.

附录

课时分配及实训材料

附录一　课时分配及教学形式

一、课时分配

本教材适合普通高校和职业技术院校会计及相关专业学生使用，具体的教学参考课时如附表 1 所示。

附表 1　课时参考　　单位：个

项目	理论课时	实践课时	合计
项目一	6	10	16
项目二	8	12	20
项目三	4	8	12
合计	18	30	48

二、实训课程教学形式及手段

可根据不同的实验内容，选择不同的形式和手段开展实验教学。

1. 手工实验可采用分组、混岗运作等方式组织

可将学生按 5~6 人编成一个学习小组，模拟某个企业财务科，由组长（财务科长）按照会计机构内部各岗位的分工，进行分岗位操作，明确每个岗位分管的工作范畴，安排每个学生的工作，共同完成一个模拟单位的财务工作，实验课结束时填写每个学生的分工情况。为使每个学生对各行业实验的全过程有完整的认识，采用分岗操作的同时，可让学生定期轮岗。

2. 教学方法可采用讲授式、示范式、研讨式等不同方式

教学方法可多样化。对会计工作规范、经济业务分析等理论知识以讲授为主；凭证、账簿、报表填制环节可让教师现场示范，指导学生自己完成，增加学生的感性认识；重点难点业务可采用学生讨论方式，帮助学生灵活掌握知识点，加深其对知识的理解。

3. 加强现代化教育技术在实验教学中的应用

利用开放式教学平台，将优秀教学资源向学生开放，鼓励学生课后开展自主学习，让学生获得更多的知识和信息，开阔眼界。增加计算机操作实验，让学生独立完成模拟单位会计工作，使学生全面了解和掌握各行业会计软件的工作程序、操作步骤和操作技巧，达到熟练掌握和运用财务软件处理企业日常经济业务的目的。

附录二　其他实训材料

1. 科目汇总表（见附表2）

附表2　科目汇总表

科目汇总表

编号			附件共	张
凭证号数 现金	第	号至	号共	张
银行	第	号至	号共	张
记账	第	号至	号共	张

年　　月　　日至　　月　　日

会计科目	总页	借方　增加										贷方　减少									
		千	百	十	万	千	百	十	元	角	分	千	百	十	万	千	百	十	元	角	分

财务主管　　　　记账　　　　复核　　　　制表

2. 总分类账户余额试算平衡表（见附表 3）

附表 3　总分类账户余额试算平衡表

总分类账户余额试算平衡表

年　月　　　　　　　　　　单位：

会计科目	借方余额	贷方余额

3. 资产负债表（见附表4）

附表4　资产负债表

资　产　负　债　表

编制单位：　　　　　　　　　　　　年　月　日　　　　　　　　　　　单位：元

资　产	行次	年初数	期末数	资　产	行次	年初数	期末数
流动资产				流动负债			
货币资金	1			短期借款	46		
短期投资	2			应付票据	47		
应收票据	3			应付帐款	48		
应收帐款	4			预收帐款	49		
减：坏帐准备	5			其他应收款	50		
应收帐款净额	6			应付工资	51		
预付帐款	7			应付福利款	52		
其他应收款	8			未交税金	53		
存货	9			未付利润	54		
待转其他业务支出	10			其他未交款	55		
待摊费用	11			预提费用	56		
待处理流动资产净损失	12			一年内到期的长期负	57		
一年内到期的长期债券投	13			其他流动负债	58		
其他流动资产	14						
流动资产合计	20						
长期投资：				流动负债合计	65		
长期投资	21						
固定投资：				长期负债：			
固定资产原价	24			长期借款	66		
减：累计折旧	25			应付债卷	67		
固定资产净值	26			长期应付款	68		
固定资产清理	27			其他长期负债	75		
在建工程	28			长期负债合计	76		
待处理固定资产净损失	29						
固定资产合计	35			所有者权益：			
无形及递延资产：				实收资本	78		
无形资产	36			资本公积	79		
递延资产	37			盈余公积	80		
无形及递延资产合计	40			未分配利润	81		
其他长期资产：				所有者权益合计	85		
其他长期资产	41						
资产总计	45			负债及所有者权益总计	90		

补充资料： 1. 已贴现的商业承兑汇票 ________元；
2. 融资租入固定资产原价 ________元；
3. 库存商品期末余额 ________元；
4. 商品销价准备期末余额 ________元。

4. 利润表（见附表5）

附表5 利润表

利润表

编制单位:　　　　　　　　　　　年　　月　　　　　　　　　　　单位：元

项　　目	行数	本月数	本年累计数
一、营业收入	1		
减：营业成本	2		
营业税金及附加	3		
销售费用	4		
管理费用	5		
财务费用（收益以"-"号填列）	6		
资产减值损失	7		
加：公允价值变动净收益（净损失以"-"号填列	8		
投资收益（净损失以"-"号填列）	9		
其中对联营企业与合营企业的投资收益	10		
二、营业利润（亏损以"-"号填列）	11		
营业外收入	12		
减：营业外支出	13		
其中：非流动资产处置净损失（净收益以"-"号填列）	14		
三、利润总额（亏损总额以"-"号填列）	15		
减：所得税	16		
四、净利润（净亏损以"-"号填列）	17		
五、每股收益：			
基本每股收益			
稀释每股收益			

补充资料：

项目:	本年累计数	上年实际数
1、出售、处置部门或被投资单位所得收益		
2、自然灾害发生的损失		
3、会计政策变更增加（或减少）利润总额		
4、会计估计变更增加（或减少）利润总额		
5、债务重组损失		
6、其他		

5. 现金流量表（见附表 6）

附表 6 现金流量表

现金流量表

编制单位： 年度： 单位：元

项目	行次	金额	项目	行次	金额
一、经营活动产生的现金流量：	1		**四、汇率变动对现金的影响**	**35**	
销售商品、提供劳务收到的现金	2		五、现金及现金等价物净增加额	36	
收到的税费返还	3		补充资料：	37	
收到的其他与经营活动有关的现金	4		1、将净利润调节为经营活动的现金流量	38	
现金流入小计	5		净利润	39	
购买商品、接受劳务支付的现金	6		加：少数股东权益	40	
支付给职工以及为职工支付的现金	7		减：未确认的投资损失	41	
支付的各项税费	8		加：计提的资产减值准备	42	
支付的其他与经营活动有关的现金	9		固定资产折旧	43	
现金流出小计	10		无形资产摊销	44	
经营活动产生的现金流量净额	**11**		长期待摊费用摊销	45	
二、投资活动产生的现金流量：	12		待摊费用的减少（减：增加）	46	
收回投资所收到的现金	13		预提费用的增加（减：减少）	47	
其中：出售子公司所收到的现金	14		处置固定资产、无形资产和其他长期资产的损失	48	
取得投资收益所收到的现金	15		固定资产报废损失	49	
处置固定资产、无形资产和其他长期资产的净额	16		财务费用	50	
收到的其他与投资活动有关的现金	17		投资损失（减：收益）	51	
现金流入小计	18		递延税款贷项（减：借项）	52	
购建固定资产无形资产其他长期资产所支付现金	19		存货的减少（减：增加）	53	
投资所支付的现金	20		经营性应收项目的减少（减：增加）	54	
其中：购买子公司所支付的现金	21		经营性应付项目的增加（减：减少）	55	
支付的与其他与投资活动有关的现金	22		其他	56	
现金流出小计	23		经营活动产生的现金流量净额	57	
投资活动产生的现金流量净额	**24**		2、不涉及现金收支的投资和筹资活动：	58	
三、筹资活动产生的现金流量：	25		债务转为资本	59	
吸收投资所收到的现金	26		一年内到期的可转换公司债券	60	
借款所收到的现金	27		融资租入固定资产	61	
收到的其他与筹资活动有关的现金	28		其他	62	
现金流入小计	29		3、现金及现金等价物增加情况：	63	
偿还债务所支付的现金	30		现金的期末余额	64	
分配股利、利润或偿付利息所支付的现金	31		减：现金的期初余额	65	
支付的其他与筹资活动有关的现金	32		加：现金等价物的期末余额	66	
现金流出小计	33		**减：现金等价物的期初余额**	**67**	
筹资活动产生的现金流量净额	**34**		**现金及现金等价物净增加额**	**68**	

单位负责人： 财务负责人： 制表人：

6. 增值税及附加税费申报表（见附表 7）

附表 7　增值税及附加税费申报表

增 值 税 及 附 加 税 费 申 报 表

（一般纳税人适用）

根据国家税收法律法规及增值税相关规定制定本表。纳税人不论有无销售额，均应按税务机关核定的纳税期限填写本表，并向当地税务机关申报。

税款所属时间：自　年　月　日至　年　月　日　　填表日期：　年　月　日　　金额单位：元（列至角分）

纳税人识别号(统一社会信用代码): □□□□□□□□□□□□□□□□□□□□□□□□　　所属行业：

纳税人名称:		法定代表人姓名		注册地址		生产经营地址	
开户银行及账号		登记注册类型				电话号码	

项　目		栏次	一般项目		即征即退项目	
			本月数	本年累计	本月数	本年累计
销售额	（一）按适用税率计税销售额	1				
	其中：应税货物销售额	2				
	应税劳务销售额	3				
	纳税检查调整的销售额	4				
	（二）按简易办法计税销售额	5				
	其中：纳税检查调整的销售额	6				
	（三）免、抵、退办法出口销售额	7			——	——
	（四）免税销售额	8			——	——
	其中：免税货物销售额	9			——	——
	免税劳务销售额	10			——	——
税款计算	销项税额	11				
	进项税额	12				
	上期留抵税额	13				——
	进项税额转出	14				
	免、抵、退应退税额	15			——	——
	按适用税率计算的纳税检查应补缴税额	16			——	——
	应抵扣税额合计	17=12+13-14-15+16		——		——
	实际抵扣税额	18（如 17<11，则为 17，否则为 11）				
	应纳税额	19=11-18				
	期末留抵税额	20=17-18				——
	简易计税办法计算的应纳税额	21				

	按简易计税办法计算的纳税检查应补缴税额	22			——	——
	应纳税额减征额	23				
	应纳税额合计	24=19+21-23				
税款缴纳	期初未缴税额（多缴为负数）	25				
	实收出口开具专用缴款书退税额	26			——	——
	本期已缴税额	27=28+29+30+31				
	①分次预缴税额	28		——		——
	②出口开具专用缴款书预缴税额	29		——	——	——
	③本期缴纳上期应纳税额	30				
	④本期缴纳欠缴税额	31				
	期末未缴税额（多缴为负数）	32=24+25+26-27				
	其中：欠缴税额（≥0）	33=25+26-27		——		——
	本期应补(退)税额	34＝24-28-29		——		——
	即征即退实际退税额	35	——	——		
	期初未缴查补税额	36			——	——
	本期入库查补税额	37			——	——
	期末未缴查补税额	38=16+22+36-37			——	——
附加税费	城市维护建设税本期应补（退）税额	39			——	——
	教育费附加本期应补（退）费额	40			——	——
	地方教育附加本期应补（退）费额	41			——	——

声明：此表是根据国家税收法律法规及相关规定填写的，本人（单位）对填报内容（及附带资料）的真实性、可靠性、完整性负责。

纳税人（签章）： 年 月 日

经办人： **经办人身份证号：** **代理机构签章：** **代理机构统一社会信用代码：**	**受理人：** **受理税务机关（章）：　受理日期：** 年 月 日

7. 增值税及附加税费申报表（见附表 8）

附表 8　增值税及附加税表申报表

增值税及附加税费申报表（一般纳税人适用）附列资料
（附加税费情况表）

税（费）款所属时间：　年　月　日至　年　月　日

纳税人名称：（公章）金额单位：元（列至角分）

本期是否适用小微企业“六税两费”减免政策	□是　□否	减免政策适用主体	□个体工商户　□小型微利企业
		适用减免政策起止时间	年　月　至　年　月

税（费）种		计税（费）依据			税（费）率（%）	本期应纳税（费）额	本期减免税（费）额		小微企业“六税两费”减免政策		试点建设培育产教融合型企业		本期已缴税（费）额	本期应补（退）税（费）额
		增值税税额	增值税免抵税额	留抵退税本期扣除额			减免性质代码	减免税（费）额	减征比例（%）	减征额	减免性质代码	本期抵免金额		
		1	2	3	4	5=(1+2-3)×4	6	7	8	9=(5-7)×8	10	11	12	13=5-7-9-11-12
城市维护建设税	1										——	——		
教育费附加	2													
地方教育附加	3													
合计	4	——	——	——	——				——		——			

本期是否适用试点建设培育产教融合型企业抵免政策	□是　□否	当期新增投资额	5	
		上期留抵可抵免金额	6	
		结转下期可抵免金额	7	
可用于扣除的增值税留抵退税额使用情况		当期新增可用于扣除的留抵退税额	8	
		上期结存可用于扣除的留抵退税额	9	
		结转下期可用于扣除的留抵退税额	10	

8. 中华人民共和国企业所得税月（季）度预缴纳税申报表（A类）（见附表9）

附表9 中华人民共和国企业所得税月（季）度预缴纳税申报表（A类）

中华人民共和国企业所得税月（季）度预缴纳税申报表（A 类）

税款所属期间： 年 月 日至 年 月 日

纳税人识别号（统一社会信用代码）： □□□□□□□□□□□□□□□□□□□□□□□□

纳税人名称： 金额单位：人民币元(列至角分)

优惠及附报事项有关信息									
项　目	一季度		二季度		三季度		四季度		季度平均值
	季初	季末	季初	季末	季初	季末	季初	季末	
从业人数									
资产总额（万元）									
国家限制或禁止行业	□是 □否				小型微利企业				□是□否
	附报事项名称								金额或选项
事项1	（填写特定事项名称）								
事项2	（填写特定事项名称）								

	预缴税款计算	本年累计
1	营业收入	
2	营业成本	
3	利润总额	
4	加：特定业务计算的应纳税所得额	
5	减：不征税收入	
6	减：资产加速折旧、摊销（扣除）调减额（填写 A201020）	
7	减：免税收入、减计收入、加计扣除（7.1+7.2+…）	
7.1	（填写优惠事项名称）	
7.2	（填写优惠事项名称）	
8	减：所得减免（8.1+8.2+…）	
8.1	（填写优惠事项名称）	
8.2	（填写优惠事项名称）	
9	减：弥补以前年度亏损	
10	实际利润额（3+4-5-6-7-8-9）\ 按照上一纳税年度应纳税所得额平均额确定的应纳税所得额	
11	税率(25%)	
12	应纳所得税额（10×11）	
13	减：减免所得税额（13.1+13.2+…）	
13.1	（填写优惠事项名称）	
13.2	（填写优惠事项名称）	
14	减：本年实际已缴纳所得税额	

15	减：特定业务预缴（征）所得税额		
16	本期应补（退）所得税额（12-13-14-15） \ 税务机关确定的本期应纳所得税额		
汇总纳税企业总分机构税款计算			
17	总机构	总机构本期分摊应补（退）所得税额（18+19+20）	
18		其中：总机构分摊应补（退）所得税额（16×总机构分摊比例__%）	
19		财政集中分配应补（退）所得税额（16×财政集中分配比例__%）	
20		总机构具有主体生产经营职能的部门分摊所得税额（16×全部分支机构分摊比例__%×总机构具有主体生产经营职能部门分摊比例__%）	
21	分支机构	分支机构本期分摊比例	
22		分支机构本期分摊应补（退）所得税额	
实际缴纳企业所得税计算			
23	减：民族自治地区企业所得税地方分享部分：□ 免征 □ 减征：减征幅度_%）	本年累计应减免金额[（12-13-15）×40%×减征幅度]	
24	实际应补（退）所得税额		

谨声明：本纳税申报表是根据国家税收法律法规及相关规定填报的，是真实的、可靠的、完整的。

纳税人（签章）：年月日

经办人： 经办人身份证号： 代理机构章： 代理机构统一社会信用代码：	受理人： 受理税务机关（章）： 受理日期： 年 月 日

国家税务总局监制

附录三　参考答案

项目一　商品零售企业会计模拟实训参考答案

项目二　房地产企业会计模拟实训参考答案

项目三　酒店企业会计模拟实训参考答案